DR. OETKER
FAMILIEN KOCHBUCH
Das schmeckt allen!

DR. OETKER
FAMILIEN KOCHBUCH
Das schmeckt allen!

Dr. Oetker Verlag

Gemeinsam essen – das ist Geborgenheit, Zuhause, Familie.
Vom ersten Bissen bis zum letzten Happen und der darf auch gern einmal aufgewärmt sein.
Hier finden Sie Rezepte für große und kleine Familienmitglieder – Liebe, die durch den Magen geht.

Jeden Tag Gesundes auf den Tisch bringen, abwechslungsreich und vor allem so lecker kochen, dass man jedem in der Familie gerecht wird, ist schon ein kleines Kunststück. Doch keine Sorge, man muss kein Magier sein, um mit Spaß und ohne großen Aufwand tagtäglich etwas zuzubereiten, das allen schmeckt. Wer, wie in den Rezepten dieses Kochbuchs, einen gekonnten Mix aus frischen, saisonalen Zutaten, rasch zubereiteten Beilagen, z. B. Pasta und schmackhaften Gemüse-, Fleisch- oder Fischzutaten (auch aus der Tiefkühltruhe oder der Konserve) kombiniert, liegt goldrichtig.

In 10 Kapiteln finden Sie alles, was Herz und Magen begehren. Von der Suppe bis zum Dessert, von Fisch über Fleisch bis hin zu Wurst und Ei, aber auch die bei Kindern beliebte Pasta, Vegetarisches, Snacks und Salate kommen nicht zu kurz.

Alle Rezepte wurden von Dr. Oetker ausprobiert und sind so beschrieben, dass sie Ihnen auf Anhieb gelingen. Rezepte, die die Haushaltskasse schonen, gesund und schmackhaft sind und von allen geliebt werden.

Genießen Sie im Kreise der Familie!

Tomaten-Nudel-Eintopf mit Geflügelklößchen

Für Kinder (4 Portionen)

Zutaten

1 Knoblauchzehe
2 Zwiebeln
3 EL Olivenöl
1 TL getrocknete Kräuter der Provence
1 Dose stückige Tomaten
(Pizza-Tomaten, Einwaage 800 g)
400 ml Gemüsebrühe (Instant)
Salz
frisch gemahlener Pfeffer
125 g kleine Suppennudeln,
z. B. Hörnchen oder Buchstabennudeln
1 Dose Mais-Gemüse-Mix (Abtropfgewicht 425 g)
100 g Schlagsahne
250 g fertig gebratene Geflügel-Hackfleischklößchen (aus der Kühltheke)

Pro Portion:
E: 20 g, F: 28 g, Kh: 47 g,
kJ: 2210, kcal: 527, BE: 4,0

Garzeit: etwa 20 Minuten

1 Knoblauch und Zwiebeln abziehen, in kleine Würfel schneiden. Olivenöl in einem Topf erhitzen. Knoblauch- und Zwiebelwürfel darin andünsten. Mit den getrockneten Kräutern bestreuen und kurz mitdünsten lassen. Tomatenstücke und Brühe hinzugeben. Mit Salz und Pfeffer würzen. Die Zutaten zum Kochen bringen. Nudeln unter Rühren einstreuen.

2 Den Eintopf etwa 15 Minuten (je nach Garzeit der Nudeln) bei schwacher Hitze kochen, dabei den Eintopf zwischendurch vorsichtig umrühren.

3 Mais-Gemüse-Mix abtropfen lassen, mit der Sahne und den Hackfleischklößchen in den Eintopf geben, wieder zum Kochen bringen und weitere etwa 5 Minuten kochen lassen. Den Eintopf mit den Gewürzen abschmecken.

TIPPS: Verwenden Sie als Einlage auch einmal Vollkornnudeln, z. B. Buchstabennudeln aus Hartweizengrieß. Durch das Garen in der würzigen Brühe schmecken sie auch Kindern, die normalerweise Vollkornnudeln ablehnen, sehr lecker.
Bleiben Reste des Eintopfes übrig, einmal kräftig einkochen, eventuell noch mit etwas Schlagsahne verfeinern und am nächsten Tag als Tomatensauce mit Spaghetti anrichten. Da die Hackfleischklößchen erfahrungsgemäß besonders beliebt sind und schon aus dem Eintopf gefischt wurden, eventuell noch eine Packung Hackfleischklößchen im geheimen Vorrat lagern und bei Bedarf hervorzaubern.

30 MINUTEN

Frische Tomatensuppe mit Käsecroûtons

Preiswert – kalorienarm (4 Portionen)

Zutaten
1,2 kg Fleischtomaten
2 Zwiebeln
1 Knoblauchzehe
2 EL Speiseöl, z. B. Olivenöl
500 ml (½ l) Gemüsebrühe (Instant)
½ gestr. TL Salz
frisch gemahlener Pfeffer

Für die Käsecroûtons:
4 Scheiben Toastbrot, z. B. Vollkorntoast
20 g weiche Butter
Salz
frisch gemahlener Pfeffer
etwas gerebelter Thymian
1 TL gehacktes Basilikum
50 g frisch geriebener Parmesan-Käse

½–1 EL Balsamico-Essig
1 Prise Zucker
1–2 EL gehacktes Basilikum

Pro Portion:
E: 9 g, F: 15 g, Kh: 20 g,
kJ: 1074, kcal: 255, BE: 1,0

Garzeit: Suppe etwa 15 Minuten

1 Für die Suppe Tomaten waschen, abtrocknen, halbieren und die Stängelansätze herausschneiden. Tomaten grob würfeln. Zwiebeln und Knoblauch abziehen, in kleine Würfel schneiden.

2 Speiseöl in einem Topf erhitzen. Zwiebel- und Knoblauchwürfel darin andünsten. Tomatenwürfel hinzugeben und unter mehrmaligem Wenden kurz mit andünsten. Brühe hinzugießen, mit Salz und Pfeffer würzen. Die Zutaten zum Kochen bringen und zugedeckt etwa 15 Minuten bei schwacher Hitze leicht kochen lassen, bis die Tomatenwürfel zerfallen sind. Die Suppe mit einem Stabmixer pürieren und anschließend durch ein Sieb passieren, um die Kerne und Fruchtschalen zu entfernen.

3 Den Backofen vorheizen.
Ober-/Unterhitze: etwa 240 °C
Heißluft: etwa 220 °C

4 Für die Käsecroûtons Toastbrotscheiben leicht rösten und erkalten lassen. Butter in eine kleine Schüssel geben. Mit Salz, Pfeffer, Thymian und Basilikum glatt rühren. Toastbrotscheiben mit der Basilikumbutter bestreichen und auf einem Backblech (mit Backpapier belegt) verteilen. Parmesan-Käse daraufstreuen. Das Backblech in den vorgeheizten Backofen schieben. Die Toastbrotscheiben 3–4 Minuten goldbraun überbacken.

5 Toastbrotscheiben etwas abkühlen lassen, vom Backblech nehmen und in kleine Würfel schneiden.

6 Die Tomatensuppe nochmals kurz erhitzen. Mit Salz, Pfeffer, Balsamico-Essig und Zucker abschmecken. Die Suppe mit Käsecroûtons und Basilikum anrichten.

TIPPS: Freiland-Fleischtomaten schmecken im Sommer besonders aromatisch. Wenn Sie keine Fleischtomaten bekommen, so verwenden Sie runde Tomaten. Die Suppe dann eventuell mit 1–2 Prisen Zucker mehr abschmecken. Im Winter sind Dosentomaten die richtige Alternative. Für diese Suppe benötigen Sie 1 große Dose Tomaten (Einwaage 800 g).
Die Tomatensuppe lässt sich prima auf Vorrat einfrieren, nach dem Auftauen nochmals mit den Gewürzen abschmecken. Die Croûtons frisch zubereiten.

Die Suppe statt mit Käsecroûtons mit je einem Klecks Crème fraîche oder je einem Teelöffel grünem Pesto servieren.
Statt der Croûtons Reis (z. B. aus dem Kochbeutel) dazureichen. Reste der Suppe lassen sich prima kräftig einkochen und mit etwas Crème fraîche verfeinert als Nudelsauce für den nächsten Tag zubereiten.
Für alle, die gerne Fleisch auf dem Teller haben, die Suppe mit Fleischklößchen (z. B. TK-Fleischklößchen) oder Würstchenscheiben anreichern.

15 MINUTEN

Erbsencremesuppe für Eilige

Klassisch (4 Portionen)

Zutaten

1 Zwiebel
2 EL Butter oder Margarine
500 g TK-Erbsen
½ Pck. (150 g) TK-Suppengemüse
500 ml (½ l) Gemüsebrühe (Instant)
Saft von ½ Zitrone
200 g Schlagsahne
Salz
frisch gemahlener Pfeffer
frisch geriebene Muskatnuss
evtl. einige EL Kartoffelpüree-Flockenpulver
4–6 TL Crème fraîche (z. B. mit feinen Kräutern)

Pro Portion:
E: 11 g, F: 27 g, Kh: 22 g,
kJ: 1614, kcal: 386, BE: 1,5

Garzeit: etwa 10 Minuten

1 Zwiebel abziehen und in kleine Würfel schneiden. Butter oder Margarine in einem Topf zerlassen. Zwiebelwürfel darin glasig dünsten. Gefrorene Erbsen und gefrorenes Suppengrün hinzugeben, unter Rühren kurz mit andünsten.

2 Gemüsebrühe, Zitronensaft und Sahne hinzugießen. Mit Salz, Pfeffer und Muskat würzen. Die Zutaten zum Kochen bringen und etwa 10 Minuten bei schwacher Hitze kochen lassen.

3 Nach Belieben einige Erbsen aus der Brühe nehmen und beiseitelegen. Restliche Erbsen mit dem Suppengemüse in der Brühe fein pürieren. Nach Belieben etwas Kartoffelpüree-Flockenpulver in die Suppe rühren, bis eine feine Bindung entstanden ist. Die Cremesuppe etwa ½ Minute unter Rühren kochen lassen. Beiseitegelegte Erbsen wieder hinzugeben. Die Cremesuppe mit Salz, Pfeffer und Muskat abschmecken.

4 Die Suppe in tiefen Tellern verteilen und mit je einem Klecks Crème fraîche garnieren.

TIPPS: Der Klassiker zu der Erbsencremesuppe: Wiener Würstchen. Die feine, frische Erbsencremesuppe schmeckt aber auch mit wachsweichem Ei oder geräucherten Lachsstreifen. Besonders praktisch: Wenn nicht alle zur gleichen Zeit am Mittagstisch erscheinen können, lässt sich diese Suppe in Portionen ganz unkompliziert in der Mikrowelle erwärmen (unbedingt zudecken, sonst spritzt es!).
Gesundheits-Plus: Verfeinern Sie die Suppe zusätzlich mit gerösteten Sesamsamen oder Sonnenblumenkernen. Einige Tropfen gutes, hocharomatisches Kürbiskernöl sorgen außerdem für gesunde Fettsäuren.
Im Sommer, an besonders heißen Tagen wird aus diesem Gericht im Handumdrehen auch eine erfrischende, würzige Suppe, die eisgekühlt serviert werden kann. Dazu die Suppe zubereiten, abkühlen lassen und in den Kühlschrank stellen. Die Erbsencremesuppe mit einigen abgespülten und trocken getupften Minzestreifen anrichten.

15
MINUTEN

40 MINUTEN

Ratatouille-Eintopf

Unkompliziert (4 Portionen)

Zutaten

1 Aubergine (etwa 200 g)
2 Zucchini (etwa 300 g)
1 Gemüsezwiebel (etwa 200 g)
1 Knoblauchzehe
je 1 rote und gelbe Paprikaschote
einige Stängel Thymian
3 EL Olivenöl
2 EL Tomatenmark
250 ml (¼ l) Gemüsebrühe
1–2 TL gerebelte Kräuter der Provence
Salz
frisch gemahlener Pfeffer
Paprikapulver edelsüß
1 Dose geschälte Tomaten (Einwaage 800 g)

Pro Portion:
E: 6 g, F: 9 g, Kh: 16 g,
kJ: 716, kcal: 170, BE: 0,5

Garzeit: etwa 20 Minuten

1 Aubergine und Zucchini waschen, abtrocknen und die Stängelansätze bzw. Enden abschneiden. Aubergine und Zucchini in grobe Würfel oder Scheiben schneiden. Gemüsezwiebel abziehen, halbieren und würfeln. Knoblauch abziehen und in kleine Würfel schneiden.

2 Paprikaschoten halbieren, entstielen, entkernen und die weißen Scheidewände entfernen. Schotenhälften waschen, abtropfen lassen und ebenfalls in grobe Würfel schneiden. Thymian abspülen und trocken tupfen. Die Blättchen von den Stängeln zupfen.

3 Olivenöl in einem großen Topf erhitzen. Zwiebel-, Knoblauch-, Gemüsewürfel und Tomatenmark darin eventuell portionsweise unter Rühren andünsten. Brühe hinzugießen. Kräuter der Provence und Thymianblättchen unterrühren. Mit Salz, Pfeffer und Paprika würzen. Die Zutaten zugedeckt etwa 10 Minuten bei schwacher Hitze kochen lassen.

4 Tomaten in der Dose etwas zerkleinern. Tomaten mit der Flüssigkeit in den Eintopf geben, wieder zum Kochen bringen und zugedeckt weitere etwa 10 Minuten bei schwacher Hitze kochen lassen.

5 Den Eintopf nochmals mit Salz, Pfeffer und Paprika abschmecken und anrichten.

TIPPS: Servieren Sie als Beilage mit Käse überbackene Baguettescheiben. Dazu 4 Baguettescheiben auf ein Backblech (mit Backpapier belegt) legen und mit 50 g frisch geriebenem Parmesan-Käse bestreuen. Das Backblech in den vorgeheizten Backofen schieben. Die Baguettescheiben bei Ober-/Unterhitze: etwa 200 °C, Heißluft: etwa 180 °C überbacken, bis der Käse goldbraun ist. Frischen Thymian gibt es am besten in den Sommermonaten von Juni bis September. Ersatzweise nehmen Sie für das Rezept gerebelten Thymian (etwa 1 Teelöffel).
Sind mal Reste vom Eintopf übrig geblieben, können Sie daraus rasch ein weiteres Mittagessen für die Familie zusammenstellen. Lassen Sie die Flüssigkeit des Eintopfs kräftig einkochen und verfeinern alles mit 125 g Crème fraîche. Reichen Sie dazu Reis oder Pasta und frisch gehobelten Parmesan-Käse.

40 MINUTEN

Orientalische Möhrensuppe mit Kichererbsen

Raffiniert (4 Portionen)

Zutaten
600 g Möhren
1 Fenchelknolle
1 Zwiebel
1 walnussgroßes Stück Ingwer
1 Stängel Zitronengras
4 EL Butter oder Margarine
evtl. 4 Sternanis
1–2 TL Currypulver
Salz
800 ml Geflügelfond (aus dem Glas) oder Geflügelbrühe (Instant)
200–300 ml Orangensaft
1 Dose Kichererbsen (Abtropfgewicht 265 g)
200 g Joghurt
1 getrocknete Chilischote

Pro Portion:
E: 10 g, F: 21 g, Kh: 29 g,
kJ: 1504, kcal: 360, BE: 2,0

Garzeit: etwa 15 Minuten

1 Möhren putzen, schälen, abspülen, abtropfen lassen und in grobe Stücke schneiden. Von der Fenchelknolle die Stiele dicht oberhalb der Knolle abschneiden. Braune Stellen und Blätter entfernen (Fenchelgrün beiseitelegen). Das Wurzelende gerade schneiden. Knolle waschen, abtropfen lassen, halbieren und in Stücke schneiden.

2 Zwiebel abziehen, Ingwer schälen. Zwiebel und Ingwer klein würfeln. Von dem Zitronengrasstängel die äußeren Blätter ablösen. Den Stängel in 2–3 Stücke schneiden und etwas flach klopfen.

3 Butter oder Margarine in einem Topf zerlassen. Zitronengrasstücke und nach Belieben Sternanis darin andünsten. Zwiebel-, Ingwerwürfel, Möhren- und Fenchelstücke portionsweise hinzugeben und mit andünsten. Mit etwas Curry und 1 Teelöffel Salz würzen. Geflügelfond oder -brühe und Orangensaft hinzugießen, zum Kochen bringen und etwa 15 Minuten kochen lassen.

4 Kichererbsen in einem Sieb abtropfen lassen. Anis und Zitronengrasstücke aus der Suppe entfernen. Die Hälfte der Kichererbsen unterrühren. Die Suppe mit einem Stabmixer zu einer sämigen Suppe pürieren und nochmals mit den Gewürzen abschmecken.

5 Restliche Kichererbsen in die Suppe geben und erhitzen. Joghurt unterrühren. Die Suppe nicht mehr kochen lassen.

6 Chilischote im Mörser zerstoßen. Beiseitegelegtes Fenchelgrün abspülen, trocken tupfen und klein schneiden. Die Möhrensuppe mit Chili und Fenchelgrün bestreut servieren.

TIPPS: Eine sehr pikante Variante dieser Suppe: 300 g Lammhackfleisch (beim Metzger vorbestellen) mit Zwiebel-, Knoblauchwürfeln, Salz, Pfeffer und abgespülten, trocken getupften Minzeblättchen verkneten. Aus der Hackfleischmasse mit angefeuchteten Händen walnussgroße Klößchen formen, etwa 5 Minuten vor Ende der Garzeit in die Suppe geben und gar ziehen lassen. Sternanis und Zitronengras geben dieser orientalisch angehauchten Suppe das besondere Aroma. Wenn kleine Kinder mitessen, Chili separat dazureichen.

30
MINUTEN

Reichhaltiger und noch feiner im Aroma wird die Suppe, wenn Sie die Geflügelbrühe selbst zubereiten. Dafür ein kleines, vorbereitetes Suppenhuhn oder eine 1 große Hähnchenbrust mit Knochen abspülen, trocken tupfen, mit vorbereitetem, zerkleinerten Suppengemüse und 1,2 Litern Wasser in einem Topf zum Kochen bringen. Mit Salz, Pfeffer, Lorbeerblatt und Piment würzen und das Huhn bzw. die Hähnchenbrust gar kochen lassen. Suppenhuhn oder Hähnchenbrust aus der Brühe nehmen und etwas abkühlen lassen. Das Fleisch von Haut und Knochen lösen, klein schneiden. Die Brühe durch ein Sieb gießen und als Fond für die Suppe verwenden. Die Fleischstücke kurz vor dem Servieren in die Suppe geben und erhitzen. Suppe oder Fond lassen sich portionsweise gut einfrieren.

20 MINUTEN

Chili sin Carne

Beliebt (4 Portionen)

Zutaten
1 kleine rote Chilischote
1 Gemüsezwiebel
2 Knoblauchzehen
1 große Möhre
je 1 rote, gelbe und grüne Paprikaschote
1 kleine Aubergine (etwa 250 g)
1 Zucchini (etwa 300 g)
2–3 EL Olivenöl
Salz
frisch gemahlener Pfeffer
125 ml (⅛ l) Gemüsebrühe (Instant)
1 Dose geschälte Tomaten (Einwaage 800 g)
2 kleine Dosen Kidneybohnen
(Abtropfgewicht je 250 g)
1 Stängel Rosmarin
1 kleines Bund Thymian
evtl. ½ Bund Petersilie

Pro Portion:
E: 18 g, F: 8 g, Kh: 38 g,
kJ: 1264, kcal: 301, BE: 2,0

Garzeit: etwa 35 Minuten

1 Chilischote längs aufschneiden, entkernen. Schote abspülen, trocken tupfen, in feine Streifen schneiden. Zwiebel abziehen, halbieren, klein würfeln. Knoblauch abziehen, klein würfeln. Möhre putzen, schälen, abspülen, abtropfen lassen, in kleine Würfel schneiden. Paprikaschoten waschen, abtropfen lassen, vierteln, entstielen, entkernen, weiße Scheidewände entfernen. Aubergine und Zucchini waschen, abtrocknen, Enden bzw. Stängelansätze entfernen. Aubergine und Zucchini in ½–1 cm große Würfel schneiden.

2 Olivenöl in einem großen Topf erhitzen. Zuerst Chilistreifen, dann Zwiebel- und Möhrenwürfel darin bei nicht zu starker Hitze leicht anbraten. Paprikaviertel, Knoblauch- und zuletzt Auberginen- und Zucchiniwürfel hinzugeben, mitdünsten lassen. Mit Salz und Pfeffer würzen. Brühe hinzugießen, zum Kochen bringen, etwa 5 Minuten kochen lassen.

3 Tomaten pürieren, mit den Kidneybohnen (mit der Flüssigkeit) zu dem angedünsteten Gemüse geben, zum Kochen bringen, zugedeckt etwa 20 Minuten bei schwacher Hitze kochen lassen, ab und zu umrühren.

4 Rosmarin und Thymian abspülen, trocken tupfen. Nadeln bzw. Blättchen von den Stängeln zupfen und klein schneiden.

5 Etwa 10 Minuten vor Ende der Garzeit die Kräuter in den Eintopf geben und Chili sin carne fertig garen. Nochmals mit Salz und Pfeffer abschmecken.

TIPPS: Chili ist für viele kleine Kinder einfach zu scharf, selbst wenn man nur kleine Mengen davon verwendet, weigern sich viele Kinder, den Eintopf zu essen. Deshalb eventuell für Erwachsene frische, gewürfelte Chilischote oder Tabasco extra zum Nachwürzen bereitstellen. Nochmals aufgewärmt schmeckt das Chili doppelt so gut. Allerdings, wenn Sie die Chilischote mitgegart haben, auch doppelt so scharf!
Mit Nudeln, Reis oder frischem Baguette angerichtet einfach unschlagbar lecker. Deshalb am besten gleich die doppelte Portion zubereiten und einfrieren.

Gnocchi-Eintopf mit Wienerle

Für Kinder (4 Portionen)

Zutaten
2 Zwiebeln
1 Knoblauchzehe
2 gelbe Paprikaschoten
1 EL Olivenöl
300 g TK-Grüne Bohnen
400 ml Gemüsebrühe (Instant)
Salz
frisch gemahlener, schwarzer Pfeffer
1 TL gerebeter Thymian
500 g passierte Tomaten
(aus Dose oder Tetra Pak®)
600 g Gnocchi (kleine Kartoffelknödel,
Fertigprodukt aus dem Kühlregal)
4–6 kleine Wiener Würstchen
4–6 EL frisch geriebener Parmesan-Käse

Pro Portion:
E: 24 g, F: 24 g, Kh: 67 g,
kJ: 2446, kcal: 584, BE: 5,0

Garzeit: etwa 16 Minuten

1 Zwiebeln und Knoblauch abziehen, in kleine Würfel schneiden. Paprikaschoten halbieren, entstielen, entkernen und die weißen Scheidewände entfernen. Schotenhälften waschen, abtropfen lassen und in grobe Würfel schneiden.

2 Olivenöl in einem Topf erhitzen. Zwiebel- und Knoblauchwürfel darin andünsten. Paprikawürfel hinzugeben und mitdünsten. Die gefrorenen Bohnen hinzugeben, Brühe hinzugießen. Mit Salz, Pfeffer und Thymian würzen. Die Zutaten zum Kochen bringen und etwa 6 Minuten bei mittlerer Hitze kochen lassen.

3 Passierte Tomaten hinzugeben und unterrühren. Den Eintopf nochmals mit Salz, Pfeffer und Thymian würzen. Den Eintopf wieder zum Kochen bringen und etwa 10 Minuten bei mittlerer Hitze kochen lassen.

4 Würstchen und Gnocchi in den Eintopf geben, kurz miterhitzen. Den Eintopf in tiefen Tellern anrichten, mit Parmesan-Käse bestreut servieren.

TIPPS: Unregelmäßige Essenszeiten sind mit diesem Gericht kein Problem. Jeder kann seinen Teller in der Mikrowelle in Sekunden erhitzen. Kommt ein Esser mehr an den Tisch, können Sie den Eintopf mit passierten Tomaten aus der Dose oder Tetra Pak® schnell verlängern.

15 MINUTEN

Drei blitzschnelle Pastasaucen

(je 4 Portionen) mit gegarten Nudeln (aus 400–500 g getrockneten Nudeln)

Zutaten

Für die Gorgonzola-Möhren-Sauce:
1 Knoblauchzehe, 1 Zwiebel
300 g Möhren, 1 EL Speiseöl
Salz, frisch gemahlener Pfeffer
½ TL gerebelter Thymian
½ TL Instant-Gemüsebrühe
200 g Schlagsahne oder 200 ml Milch
150 g passierte Tomaten (Dose oder Tetra Pak®)
150 g milder Gorgonzola-Käse
½ Bund frisches Basilikum

Pro Portion mit Nudeln:
E: 24 g, F: 23 g, Kh: 86 g,
kJ: 2771, kcal: 665, BE: 7,0

Garzeit: **etwa 15 Minuten**

1 Knoblauch und Zwiebel abziehen, klein würfeln. Möhren putzen, schälen, abspülen, würfeln. Speiseöl in einem Topf erhitzen. Knoblauch- und Zwiebelwürfel darin glasig dünsten. Möhren mitdünsten lassen. Mit Salz, Pfeffer, Thymian und Brühe würzen. Sahne oder Milch hinzugießen, zugedeckt etwa 10 Minuten bei schwacher Hitze kochen lassen. Tomaten hinzugeben, weitere etwa 5 Minuten kochen, gelegentlich umrühren.
2 Käse entrinden, klein würfeln. Basilikum abspülen, trocken tupfen. Blättchen von den Stängeln zupfen (einige Blättchen beiseitelegen), in Streifen schneiden, zu der Möhren-Tomaten-Masse geben, pürieren (Achtung, kann spritzen!). Käsewürfel darin unter Rühren schmelzen. Sauce nicht mehr kochen lassen. Mit Pfeffer und Salz abschmecken.
3 Gegarte, abgetropfte Nudeln mit der Sauce mischen, evtl. etwas Nudel-Kochwasser unterrühren, unter vorsichtigem Rühren nochmals kurz erhitzen. Mit Basilikumblättchen anrichten.

Zutaten:

Für die Paprika-Röstzwiebel-Sauce:
etwa 750 g gelbe und rote Paprikaschoten
1 Knoblauchzehe, 1 Zwiebel
2 Stängel frischer Thymian
200 g Schlagsahne
Salz, frisch gemahlener Pfeffer
1 Prise brauner Zucker
4–6 EL Röstzwiebeln (Fertigprodukt)
evtl. frisch geriebener Parmesan-Käse

Pro Portion mit Nudeln:
E: 18 g, F: 23 g, Kh: 95 g,
kJ: 2814, kcal: 673, BE: 7,0

Garzeit: **etwa 20 Minuten**

1 Den Backofen vorheizen:
Ober-/Unterhitze: etwa 220 °C,
Heißluft: etwa 200 °C
2 Paprika halbieren, entstielen, entkernen, weiße Scheidewände entfernen. Schoten waschen, trocken tupfen, mit der Hautseite nach oben auf einem Backblech (mit Backpapier belegt) verteilen, in den Backofen schieben. Paprika etwa 12 Minuten rösten, bis die Haut Blasen wirft. Paprika mit einem feuchten Tuch belegen, etwas abkühlen lassen.
3 Knoblauch und Zwiebel abziehen, klein würfeln. Thymian abspülen, trocken tupfen. Sahne mit Knoblauch, Zwiebel und Thymian zum Kochen bringen, bei starker Hitze um die Hälfte einkochen lassen. Thymian entfernen.
4 Die Haut der Paprika abziehen, Paprika grob würfeln, mit der Sahne fein pürieren. Mit Salz, Pfeffer und Zucker abschmecken.
5 Gegarte und abgetropfte Nudeln vorsichtig mit der Sauce mischen, kurz erhitzen, auf Tellern anrichten. Mit Röstzwiebeln bestreuen. Parmesan-Käse dazureichen.

Zutaten

Für die Paprika-Tunfisch-Sauce mit Schafkäse:
1 große, rote Paprikaschote
1 Zwiebel, 1 Knoblauchzehe
1 EL Olivenöl
1 Dose Tunfisch naturell (Abtropfgewicht 185 g)
2–3 EL Zitronensaft
60 ml heiße Gemüsebrühe (Instant)
3–4 EL Crème fraîche
Salz, frisch gemahlener Pfeffer
½ Bund glatte Petersilie
100 g milder Schafkäse

Pro Portion mit Nudeln:
E: 30 g, F: 22 g, Kh: 84 g,
kJ: 2760, kcal: 661, BE: 6,5

Garzeit: **3–4 Minuten**

1 Paprikaschote wie zuvor beschrieben putzen, waschen, Paprika klein würfeln. Zwiebel und Knoblauch abziehen, klein würfeln. Olivenöl in einer Pfanne erhitzen. Zwiebel- und Knoblauchwürfel darin anbraten. Paprikawürfel hinzugeben, 3–4 Minuten weich dünsten.
2 Tunfisch abtropfen lassen, mit einer Gabel fein zerzupfen, in einen hohen Rührbecher geben. Zitronensaft und Brühe hinzugeben und fein pürieren. Crème fraîche unterrühren. Mit Salz und Pfeffer abschmecken.
3 Petersilie abspülen, trocken tupfen. Blättchen von den Stängeln zupfen, klein schneiden.
4 Gegarte, abgetropfte Nudeln zu den Paprikawürfeln in die Pfanne geben. Die Tunfischsauce hinzugeben, gut durchschwenken, nochmals kurz erhitzen. Mit Petersilie bestreuen.
5 Nudeln auf Tellern anrichten. Schafkäse fein zerbröseln, auf die Nudeln streuen und sofort servieren.

25 MINUTEN

Spaghetti mit Pilzsauce

Für Gäste (4 Portionen)

Zutaten
750 g Champignons
75 g Schinkenspeck
1 Zwiebel
1 Knoblauchzehe
1–2 EL Olivenöl
Salz
frisch gemahlener Pfeffer
150 g Crème fraîche
125 g Schlagsahne
80 g frisch geriebener Parmesan-Käse
2 EL Schnittlauchröllchen
2 EL gehackte, glatte Petersilie
einige gehackte Basilikumblättchen
4 l Wasser
4 TL Salz
400 g Spaghetti

Nach Belieben zum Garnieren:
Schnittlauchröllchen
etwas gehackte, glatte Petersilie
einige gehackte Basilikumblättchen

Pro Portion:
E: 32 g, F: 34 g, Kh: 74 g,
kJ: 3091, kcal: 741, BE: 6,0

1 Für die Sauce Champignons putzen, mit Küchenpapier abreiben, eventuell abspülen, trocken tupfen und in Scheiben schneiden. Schinkenspeck in Streifen schneiden. Zwiebel und Knoblauch abziehen, in kleine Würfel schneiden.

2 Olivenöl in einem Topf erhitzen. Speckstreifen, Zwiebel- und Knoblauchwürfel darin andünsten. Champignonscheiben hinzufügen und unter Rühren dünsten, bis die Flüssigkeit fast verdampft ist. Mit Salz und Pfeffer würzen.

3 Crème fraîche mit Sahne und Käse verrühren, zu den Champignonscheiben in den Topf geben und unter Rühren aufkochen lassen.

4 Schnittlauchröllchen, Petersilie und Basilikumblättchen unterrühren. Die Sauce mit Salz und Pfeffer abschmecken. Sauce warm stellen.

5 Wasser in einem großen Topf mit geschlossenem Deckel zum Kochen bringen. Dann Salz und Spaghetti hinzugeben. Die Spaghetti im geöffneten Topf bei mittlerer Hitze nach Packungsanleitung kochen lassen, dabei zwischendurch 4–5-mal umrühren.

6 Anschließend die Spaghetti in ein Sieb geben, mit heißem Wasser abspülen und abtropfen lassen. Spaghetti mit der Pilzsauce vermengen.

7 Nach Belieben mit Schnittlauchröllchen, Petersilie und Basilikumblättchen garnieren.

TIPPS: Statt Schinkenspeck können Sie auch 200 g Kochschinken in feinen Streifen zuletzt mit der Sauce und den Nudeln vermengen. Das ist besonders praktisch, wenn Sie einen Vegetarier mit am Tisch haben, der bekommt dann eine Portion Pilz-Nudeln ohne Fleischeinlage.
Außer Spaghetti passen natürlich auch Bandnudeln oder Penne zu dieser Sauce.

Zucchininudeln mit Tomatensauce

Raffiniert – schnell (4 Portionen)

Zutaten
80 g getrocknete Tomaten, in Öl eingelegt
250 g Schlagsahne
1–2 EL Öl (von den Tomaten)
1 Fleischtomate
150 g gegarte Brokkoliröschen

300 g Zucchini
2 ½ l Wasser
2 ½ gestr. TL Salz
300 g frische Tagliatelle-Nudeln
(aus dem Kühlregal)
etwas Wasser oder Nudelwasser

40 g frisch geriebener Parmesan-Käse

Pro Portion:
E: 14 g, F: 31 g, Kh: 29 g,
kJ: 1901, kcal: 454, BE: 2,0

Garzeit: **Tomatensauce etwa 10 Minuten**

1 Für die Sauce Tomaten abtropfen lassen. Sahne mit den Tomaten in einen Topf geben, zum Kochen bringen und etwa 10 Minuten bei mittlerer Hitze kochen lassen. Tomatensahne mit einem Stabmixer pürieren.

2 Tomate waschen, abtropfen lassen, kreuzweise einschneiden, kurz in kochendes Wasser legen und in kaltem Wasser abschrecken. Tomate enthäuten, halbieren, entkernen und den Stängelansatz herausschneiden. Tomatenhälften in Würfel schneiden, mit den Brokkoliröschen zum Tomatenpüree geben und unterrühren.

3 Zucchini waschen, abtrocknen und die Enden abschneiden. Zucchini der Länge nach zuerst in Scheiben, dann in lange Streifen schneiden.

4 Wasser in einem großen Topf mit geschlossenem Deckel zum Kochen bringen. Dann Salz, Zucchinistreifen und Nudeln hinzugeben. Die Nudeln im geöffneten Topf bei mittlerer Hitze nach Packungsanleitung garen, dabei zwischendurch umrühren.

5 Anschließend die Zucchininudeln in ein Sieb geben, Nudelwasser dabei auffangen. Zucchininudeln mit heißem Wasser abspülen und abtropfen lassen.

6 Die Tomatensauce eventuell mit etwas aufgefangenem Nudelwasser verlängern.

7 Zucchininudeln mit der Tomatensauce anrichten, mit gehobeltem Parmesan-Käse bestreuen und servieren.

TIPP: Wenn Sie dieses Gericht nicht mit frischen Nudeln aus dem Kühlregal zubereiten möchten, garen Sie die Nudeln bitte nach Packungsanleitung in kochendem Salzwasser und geben die Zucchinistreifen 2–3 Minuten vor Ende der Garzeit hinzu.

Spätzle-Gurken-Pfanne mit Kochschinken

Einfach (4 Portionen)

Zutaten
10 g getrocknete Steinpilze
1 mittelgroße Schmorgurke (etwa 500 g)
1 Schalotte
150 g Pfifferlinge oder 1 Dose Pfifferlinge (Abtropfgewicht 290 g)
1 EL Sonnenblumenöl
Salz, frisch gemahlener Pfeffer

2 l Wasser
2 gestr. TL Salz
etwa 200 g Spätzle (z. B. Vollkorn-Spätzle)

150 g Crème fraîche
1 EL mittelscharfer Senf
150 g Kochschinken
3–4 Zweige Dill

Pro Portion:
E: 17 g, F: 17 g, Kh: 38 g, kJ: 1575, kcal: 378, BE: 3,0

Zubereitungszeit: **20 Minuten, ohne Einweichzeit**
Garzeit: **etwa 20 Minuten**

1 Steinpilze mit 150 ml kochendem Wasser übergießen, etwa 30 Minuten einweichen.

2 Gurke schälen, halbieren, Kerne mit einem Löffel herausschaben. Gurkenhälften in fingerdicke Stücke schneiden. Schalotte abziehen, klein würfeln. Pfifferlinge putzen, mit Küchenpapier abreiben, eventuell kurz abspülen, trocken tupfen. Große Pfifferlinge halbieren.

3 Eingeweichte Steinpilze vorsichtig abgießen, Einweichwasser auffangen. Sonnenblumenöl in einer großen Pfanne erhitzen. Schalottenwürfel, Pfifferlinge und Steinpilze darin unter Rühren kräftig anbraten. Gurkenstücke hinzugeben, unter Rühren mit anbraten. Mit dem Einweichwasser ablöschen. Die Zutaten zum Kochen bringen und zugedeckt 10–15 Minuten bei schwacher bis mittlerer Hitze schmoren. Mit Salz und Pfeffer würzen.

4 In der Zwischenzeit Wasser in einem großen Topf mit geschlossenem Deckel zum Kochen bringen. Dann Salz und Spätzle hinzugeben, im geöffneten Topf bei mittlerer Hitze nach Packungsanleitung kochen lassen, dabei zwischendurch 4–5-mal umrühren. Anschließend die Spätzle in ein Sieb geben, mit heißem Wasser abspülen und abtropfen lassen.

5 Crème fraîche mit Senf verrühren und unter die Pilz-Gurken-Masse rühren, nochmals kurz unter Rühren aufkochen lassen.

6 Schinken in Streifen schneiden. Dill abspülen und trocken tupfen. Die Spitzen von den Stängeln zupfen. Spitzen klein schneiden. Spätzle, Schinkenstreifen und Dill zu der Pilz-Masse geben und kurz durchschwenken. Nochmals mit Salz und Pfeffer abschmecken. Die Spätzle-Gurken-Pfanne sofort servieren.

TIPPS: Wenn Ihre Kinder Pilze nicht so gerne mögen, nehmen Sie die entsprechenden Portionen Spätzle ab und schwenken die Spätzle in einem Löffel zerlassener Butter. Mit Röstzwiebeln und einigen Schinkenstreifen bestreuen.
Wer dieses Gericht einmal vegetarisch servieren möchte, verwendet statt Schinken 75 g in Öl eingelegte, getrocknete Tomaten. Tomaten dann in feine Streifen schneiden.
Statt Spätzle können Sie auch Nudeln oder auch kleine Mini-Knödel (aus der Packung) zu dem Gericht servieren.

20
MINUTEN

Schnelles Lachsragout zu Pasta

Raffiniert (4 Portionen)

Zutaten
500 g Lachsfilet ohne Haut (frisch oder TK)
2 EL Zitronensaft
3 Frühlingszwiebeln
175 g rosé Champignons
1 EL Butter oder Margarine
Salz
frisch gemahlener Pfeffer
150 g stückige Tomaten
(aus Dose oder Tetra Pak®)
½ TL Zucker oder flüssiger Honig

3 ½ l Wasser
3 ½ gestr. TL Salz
350 g feine Bandnudeln
(z. B. Tagliatelle grün oder weiß)

150 g Crème fraîche oder Crème lègére
½ Bund Basilikum

Pro Portion:
E: 37 g, F: 22 g, Kh: 67 g,
kJ: 2585, kcal: 619, BE: 5,5

Garzeit: etwa 10 Minuten

1 Lachsfilets (TK-Lachsfilets vorher auftauen lassen) kurz unter fließendem kalten Wasser abspülen, trocken tupfen, in etwa 3 cm große Würfel schneiden, mit Zitronensaft beträufeln.

2 Frühlingszwiebeln putzen, waschen, abtropfen lassen, in feine Scheiben schneiden. Champignons putzen, mit Küchenpapier abreiben, eventuell abspülen und trocken tupfen. Champignons halbieren.

3 Butter oder Margarine in einer Pfanne zerlassen. Lachswürfel mit Küchenpapier trocken tupfen, in Butter oder Margarine kurz von allen Seiten knusprig anbraten. Lachswürfel mit Salz und Pfeffer würzen, aus der Pfanne nehmen. Frühlingszwiebelscheiben und Champignonhälften in dem Bratfett etwa 4 Minuten unter Wenden andünsten. Tomatenstücke unterrühren. Mit Salz, Pfeffer und Zucker oder Honig würzen. Die Sauce etwa 5 Minuten bei mittlerer Hitze einkochen lassen.

4 In der Zwischenzeit Wasser in einem großen Topf mit geschlossenem Deckel zum Kochen bringen. Dann Salz und Nudeln hinzugeben. Die Nudeln im geöffneten Topf bei mittlerer Hitze nach Packungsanleitung kochen lassen, dabei zwischendurch 4–5-mal umrühren. Anschließend die Nudeln in ein Sieb geben, mit heißem Wasser abspülen und abtropfen lassen.

5 Crème fraîche oder lègére unter die Sauce rühren. Mit Salz und Pfeffer abschmecken. Lachswürfel in die Sauce geben und erhitzen.

6 Basilikum abspülen, trocken tupfen. Blättchen von den Stängeln zupfen. Das Lachsragout mit den Nudeln und Basilikum anrichten.

TIPPS: Dem Variationsreichtum dieses einfachen, schnellen Ragouts sind kaum Grenzen gesetzt. Wer es feinsäuerlich-fruchtig mag, verwendet mehr Tomatenstücke, lässt eventuell Crème fraîche ganz weg und verfeinert die Sauce mit klein geschnittenen, schwarzen Oliven. Wenn sie das Ragout für Kinder farbenfroh servieren möchten, einfach TK-Erbsen und Möhren mit den Champignonhälften anbraten und garen.
Statt Fischfilet können Sie klein geschnittene Puten- oder Hähnchenbrust auf gleiche Weise zubereiten.
Das Ragout nimmt es übrigens auch nicht übel, wenn ein Esser sich verspätet. Einfach das fertige Ragout rasch abkühlen lassen und bis zum Verzehr in den Kühlschrank stellen. Dann das Lachsragout in der Mikrowelle oder im Topf nochmals kurz erhitzen.

Bandnudeln mit Schinken und Erbsen

Einfach (4 Portionen)

Zutaten
1 Zwiebel
75 g Butter
300 g TK-Erbsen
Salz
frisch gemahlener Pfeffer
200 g Schlagsahne
150 g Kochschinken

4 l Wasser
4 gestr. TL Salz
300–400 g Bandnudeln

50 g frisch geriebener Parmesan-Käse

Pro Portion:
E: 30 g, F: 38 g, Kh: 73 g,
kJ: 3219, kcal: 770, BE: 6,0

Garzeit: **etwa 15 Minuten**

1 Zwiebel abziehen und in sehr kleine Würfel schneiden. Butter in einem Topf zerlassen. Zwiebelwürfel darin leicht bräunen. Gefrorene Erbsen hinzufügen. Mit Salz und Pfeffer würzen. Die Erbsen in etwa 10 Minuten gar dünsten. Sahne unterrühren und erhitzen.

2 Schinken in feine Streifen schneiden und kurz vor Ende der Garzeit zu den Erbsen geben und untermengen. Sauce warm stellen.

3 Wasser in einem großen Topf mit geschlossenem Deckel zum Kochen bringen. Dann Salz und Nudeln hinzugeben. Die Nudeln im geöffneten Topf bei mittlerer Hitze nach Packungsanleitung kochen lassen, dabei zwischendurch 4–5-mal umrühren.

4 Anschließend die Nudeln in ein Sieb geben, mit heißem Wasser abspülen und abtropfen lassen.

5 Die Nudeln in eine vorgewärmte Schüssel geben. Die Sauce darauf verteilen. Die Nudeln mit Parmesan-Käse bestreut sofort servieren. Oder Parmesan-Käse dazureichen.

TIPPS: Für kleinere Kinder Nudeln zubereiten, die sich leicht aufgabeln oder mit einem kleinen Löffel essen lassen (z. B. Gabelspaghetti). Oder Bandnudeln vor dem Servieren sehr klein schneiden. Sie können die Sauce zusätzlich mit 1 Teelöffel Tessiner-Gewürz (eine Mischung aus Zwiebeln, Salz, Pfeffer, Sellerie, Rosmarin, Majoran, Basilikum, Knoblauch und Petersilie) verfeinern.
Wenn 2 kleinere Kinder mitessen, bleibt eventuell ein Nudelrest übrig. Bereiten Sie daraus einen Abendsnack oder eine kleine Mittagsmahlzeit für den nächsten Tag zu. Einfach 100 g geputzte und in Scheiben geschnittene Champignons, 150 g gewaschene, halbierte Cocktailtomaten und 1–2 geputzte und gewaschene Zucchini in Scheiben in einer Pfanne in etwas Speiseöl anbraten. Nudeln hinzugeben. 2 Eier, 50 ml Milch und 30 g frisch geriebenen Parmesan-Käse verschlagen, mit Salz und Pfeffer würzen und auf den Zutaten in der Pfanne verteilen. Zugedeckt bei schwacher Hitze stocken lassen. Nudelomelette in Portionen teilen und mit einem grünen Salat servieren.

15
MINUTEN

Überbackene Farfalle mit Tomaten-Pesto-Ragout

Für ein Sonntagsessen (4 Portionen)

Zutaten
2 ½ l Wasser
2 ½ gestr. TL Salz
250 g Farfalle (Schleifennudeln)

300 g Hähnchenbrustfilet
Salz, frisch gemahlener Pfeffer
½ Bund Frühlingszwiebeln
6 kleine Fleischtomaten
1 mittelgroße Aubergine
2 EL Olivenöl
1 Prise Zucker
3 EL Basilikum-Pesto (aus dem Glas)
125 g Mozzarella
4–5 EL frisch geriebener Parmesan-Käse

Pro Portion:
E: 42 g, F: 26 g, Kh: 57 g,
kJ: 2700, kcal: 644, BE: 4,0

Zubereitungszeit: **20 Minuten, ohne Überbackzeit**
Backzeit: **15–20 Minuten**

1 Wasser in einem großen Topf mit geschlossenem Deckel zum Kochen bringen. Dann Salz und Nudeln hinzugeben. Die Nudeln im geöffneten Topf bei mittlerer Hitze nach Packungsanleitung kochen lassen, dabei zwischendurch 4–5-mal umrühren.

2 Anschließend die Nudeln in ein Sieb geben, mit heißem Wasser abspülen und abtropfen lassen.

3 In der Zwischenzeit Hähnchenbrustfilet kurz unter fließendem kalten Wasser abspülen, trocken tupfen und in schmale Streifen schneiden. Mit Salz und Pfeffer würzen.

4 Frühlingszwiebeln putzen, waschen, abtropfen lassen und in Scheiben schneiden. Tomaten waschen, trocken tupfen, halbieren und die Stängelansätze herausschneiden. Tomatenhälften in grobe Stücke schneiden. Aubergine waschen, abtrocknen und den Stängelansatz entfernen. Aubergine in Würfel schneiden.

5 Den Backofen vorheizen.
Ober-/Unterhitze: etwa 180 °C
Heißluft: etwa 160 °C

6 Einen Esslöffel des Olivenöls in einer Pfanne erhitzen. Die Filetstreifen und Frühlingszwiebelscheiben darin kräftig unter Rühren anbraten und herausnehmen. Restliches Olivenöl in die Pfanne zum verbliebenen Bratfett geben und erhitzen. Auberginenwürfel darin kräftig anbraten. Tomatenstücke hinzugeben und mit den Auberginenwürfeln etwa 4 Minuten unter Rühren dünsten. Mit Salz, Pfeffer und Zucker würzen. Pesto unterrühren.

7 Die Nudeln mit den Hähnchenfleischstreifen, Frühlingszwiebelscheiben und dem Tomaten-Ragout in eine Auflaufform geben und gut vermischen. Mozzarella abtropfen lassen, in feine Scheiben schneiden und darauf verteilen. Mit Parmesan-Käse bestreuen. Die Form auf dem Rost in den vorgeheizten Backofen schieben. Den Auflauf 15–20 Minuten überbacken.

TIPPS: Für Vegetarier können Sie den Auflauf ohne Hähnchenstreifen zubereiten. Falls Sie sich den Arbeitsgang des Bratens ersparen möchten, einfach 200 g Kochschinken in Streifen unter das Tomaten-Ragout mischen. Wenn Ihre Familie es deftig mag, können Sie 2–3 Esslöffel schwarze Oliven unter das Tomaten-Ragout mischen. Wenn Sie keine Farfalle im Haus haben, Penne, kurze Makkaroni, Hörnchennudeln oder Spirelli passen ebenso gut.

25 MINUTEN

Spaghetti mit Tomaten-Basilikum-Sauce

Klassisch (4 Portionen)

Zutaten
1 kg Fleischtomaten
2 Zwiebeln
2 Knoblauchzehen
5 EL Olivenöl
Salz
frisch gemahlener Pfeffer
gerebelter Oregano
1 Topf Basilikum

3 l Wasser
3 gestr. TL Salz
300–400 g Spaghetti

75 g frisch geriebener Parmesan-Käse

Pro Portion:
E: 19 g, F: 21 g, Kh: 69 g,
kJ: 2269, kcal: 541, BE: 5,0

Garzeit Sauce: **etwa 15 Minuten**

1 Für die Sauce Tomaten waschen, abtropfen lassen, kreuzweise einschneiden, kurz in kochendes Wasser legen und in kaltem Wasser abschrecken. Tomaten enthäuten, halbieren, entkernen und die Stängelansätze herausschneiden. Tomatenhälften in Würfel schneiden. Zwiebeln und Knoblauch abziehen, klein würfeln.

2 Olivenöl in einer Pfanne erhitzen. Zwiebel- und Knoblauchwürfel darin andünsten. Tomatenwürfel hinzugeben und etwa 15 Minuten dünsten. Mit Salz, Pfeffer und Oregano würzen. Basilikum abspülen und trocken tupfen. Die Blättchen von den Stängeln zupfen. Blättchen in Streifen schneiden und unterrühren.

3 Wasser in einem großen Topf mit geschlossenem Deckel zum Kochen bringen. Dann Salz und Spaghetti hinzugeben. Die Spaghetti im geöffneten Topf bei mittlerer Hitze nach Packungsanleitung kochen lassen, dabei zwischendurch 4–5-mal umrühren.

4 Anschließend die Spaghetti in ein Sieb geben, mit heißem Wasser abspülen und abtropfen lassen.

5 Spaghetti in 4 tiefen Tellern anrichten. Die Sauce daraufgeben. Mit Parmesan-Käse bestreut servieren.

TIPPS: In den Winter- und Frühlingsmonaten statt der frischen Tomaten lieber 1 Dose geschälte Tomaten (Einwaage 800 g) verwenden. Sie sind dann in jedem Fall aromatischer. Tomaten, ganz gleich ob frisch, aus der Dose, als Tomatenmark oder Saft, sollten ruhig öfter auf ihrem Speiseplan stehen. Denn das kalorienarme Fruchtgemüse glänzt durch Top-Vitamin- und Mineralstoff-Werte. Der rote Farbstoff der Tomaten, das Lycopin, ist nach neusten wissenschaftlichen Studien besonders gesundheitsfördernd.

Bunter Bratreis mit Eiern und Shrimps

Raffiniert (4 Portionen)

Zutaten
200 g Langkornreis
Salz
1 mittelgroße Stange Porree (Lauch)
2 mittelgroße Möhren
evtl. 2 rote Pfefferschoten
1 walnussgroßes Stück Ingwer
1 Schalotte
2 EL Sonnenblumenöl
250 g TK-Shrimps (geschälte Tiefseekrabben)
mildes Currypulver
4–5 EL Sojasauce
1 EL Butter oder Margarine
4 Eier
1 Bund Schnittlauch

Pro Portion:
E: 25 g, F: 17 g, Kh: 44 g,
kJ: 1806, kcal: 431, BE: 3,5

Garzeit: etwa 25 Minuten

1 Wasser in einem Topf zum Kochen bringen. Den Reis und 1 Teelöffel Salz hinzugeben. Den Reis etwa 15 Minuten bei schwacher Hitze quellen lassen. Den gegarten Reis in einem Sieb abtropfen lassen und mit der Gabel etwas auflockern.

2 Porree putzen, die Stange längs halbieren, gründlich waschen, abtropfen lassen und in Streifen schneiden. Möhren putzen, schälen, abspülen, abtropfen lassen und in dünne Scheiben schneiden. Pfefferschoten längs aufschneiden und entkernen. Schotenhälften waschen, trocken tupfen und in sehr dünne Streifen schneiden. Ingwer schälen. Schalotte abziehen. Ingwer und Schalotte sehr fein würfeln.

3 Sonnenblumenöl in einer großen Pfanne oder einem Wok erhitzen. Ingwer- und Schalottenwürfel darin anbraten. Porreestreifen, Möhrenscheiben und Pfefferschotenstreifen hinzugeben und unter Wenden kurz anbraten. Gefrorene Shrimps unterheben und mit anbraten. Mit 3 Esslöffeln Wasser und Sojasauce ablöschen. Die Zutaten umrühren und unter Wenden etwa 4 Minuten braten.

4 Den Reis vorsichtig untermischen und weitere etwa 3 Minuten mitbraten lassen. Mit Curry und eventuell etwas Sojasauce würzen. Den bunten Bratreis kurz warm stellen.

5 Butter oder Margarine in einer Pfanne zerlassen. Die Eier vorsichtig aufschlagen und nebeneinander in das Fett gleiten lassen. Eiweiß mit Salz bestreuen. Die Eier etwa 5 Minuten bei mittlerer Hitze braten, bis das Eiweiß fest ist.

6 Schnittlauch abspülen, trocken tupfen und in Röllchen schneiden. Den bunten Bratreis mit den Eiern anrichten und mit Schnittlauchröllchen bestreuen.

TIPPS: Beim Reisgaren praktisch denken: Am besten gleich die doppelte Menge kochen und dann einfrieren. Der gefrorene Reis wird dann nur mit kochendem Wasser überbrüht und ist sofort servierbereit. Wenn kleine Kinder mitessen, den Bratreis ohne Pfefferschoten zubereiten. Stattdessen für alle, die es scharf mögen, eine Chilisauce zum Nachwürzen auf den Tisch stellen.
Sind Ihre Kinder gar nicht für Gemüsereis-Gerichte zu begeistern? Dann versuchen Sie es einmal mit diesem abgewandelten Reisgericht für kleine Leckermäuler: Pro Person etwa 60 g Reis (probieren Sie auch einmal Vollkorn-Reis) in Apfelsaft nach Packungsanleitung garen. Den Reis leicht abkühlen lassen. Etwa 125 g Joghurt und etwas Honig unterrühren. 1 Banane in kleine Stücke schneiden. Bananenstücke in etwas erhitztem Sonnenblumenöl anbraten. Bananenstücke mit Honig und Zimt beträufeln und auf dem Reis anrichten.

Kartoffelgulasch

Preiswert – unkompliziert (4 Portionen)

Zutaten
750 g kleine, vorwiegend festkochende Kartoffeln
2 mittelgroße Möhren
3 Zwiebeln
1 EL Olivenöl
1 Knoblauchzehe
1 TL Paprikapulver edelsüß
evtl. ½ gestr. TL Paprikapulver rosenscharf
300 ml Fleischbrühe (Instant)
Salz, frisch gemahlener Pfeffer
200 g Schlagsahne
200 g ungebrühte, feine Bratwurst (1–2 Stück)
100 g Salami
½ Topf oder 1 TL gerebelter Majoran

Pro Portion:
E: 16 g, F: 39 g, Kh: 29 g,
kJ: 2251, kcal: 538, BE: 2,0

Garzeit: etwa 25 Minuten

1 Kartoffeln waschen, schälen, abspülen, abtropfen lassen und vierteln. Neue Kartoffeln nach Belieben nur gründlich waschen oder abbürsten. Möhren putzen, schälen, abspülen, abtropfen lassen und in Würfel schneiden. Zwiebeln abziehen und klein würfeln.

2 Olivenöl in einem Topf erhitzen. Zwiebelwürfel darin andünsten. Knoblauch abziehen und durch eine Knoblauchpresse direkt in das heiße Olivenöl drücken. Mit Paprika bestäuben und unterrühren. Brühe hinzugießen und aufkochen lassen.

3 Kartoffelviertel und Möhrenwürfel hinzugeben. Mit Salz und Pfeffer würzen. Die Zutaten wieder zum Kochen bringen und zugedeckt etwa 15 Minuten bei schwacher Hitze garen, dabei gelegentlich umrühren. Eventuell etwas von der Sahne hinzufügen.

4 Bratwurstbrät in kleinen Bällchen jeweils aus der Hülle drücken. Salami in Würfel schneiden. Bratwurstbällchen und Salamiwürfel zum Gulasch in den Topf geben und weitere etwa 10 Minuten bei schwacher Hitze gar ziehen lassen.

5 Majoran abspülen und trocken tupfen. Die Blättchen von den Stängeln zupfen. Majoran mit der restlichen Sahne zum Gulasch geben, unterrühren und eventuell nochmals kurz erhitzen.

TIPPS: Blitzschnell ist dieses Gericht variiert, wenn Sie statt Paprika Currypulver verwenden und die Schlagsahne durch Sahnejoghurt ersetzen. Sahnejoghurt allerdings nur unter das fertige Gulasch rühren und nicht mehr kochen lassen. Statt mit Bratwurst und Salami zubereitet, können Sie zum Gulasch auch wachsweiche Eier reichen.
Falls kleinere Kinder mitessen, ruhig etwas mehr Brühe hinzugeben und das Gulasch mit reichlich Sauce anrichten. Die Kartoffeln und Möhren lassen sich dann gut in der Sauce fein zerdrücken.

20
MINUTEN

Mildes Kartoffel-Ei-Curry mit Erbsen

Preiswert – vegetarisch (4 Portionen)

Zutaten
600 g kleine Kartoffeln
4–6 Eier (Größe M)
1 Zwiebel
25 g Butter oder Margarine
25 g Weizenmehl
mildes Currypulver nach Geschmack
300 ml Gemüsebrühe (Instant)
250 ml (¼ l) Milch
300 g Möhren-Erbsen-Mischung
(TK oder aus der Dose)
Salz
frisch gemahlener Pfeffer

Pro Portion:
E: 18 g, F: 16 g, Kh: 36 g,
kJ: 1507, kcal: 359, BE: 3,0

Garzeit: etwa 30 Minuten

1 Kartoffeln unter fließendem kalten Wasser gründlich waschen, eventuell abbürsten. Kartoffeln in einem Topf knapp mit Wasser bedeckt zum Kochen bringen und zugedeckt 15–18 Minuten garen. Kartoffeln abgießen, abdämpfen, heiß pellen und leicht abkühlen lassen. Kartoffeln halbieren.

2 Eier in kochendem Wasser etwa 8 Minuten hart kochen. Eier abschrecken und pellen.

3 Zwiebel abziehen und in kleine Würfel schneiden. Butter oder Margarine in einem Topf zerlassen. Zwiebelwürfel darin glasig dünsten. Mehl hinzufügen und unter Rühren so lange erhitzen, bis es hellgelb ist, Curry unterrühren. Brühe und Milch hinzugießen, mit einem Schneebesen durchschlagen. Dabei darauf achten, dass keine Klümpchen entstehen.

4 TK-Möhren-Erbsen-Mischung hinzugeben, zum Kochen bringen und 5–8 Minuten bei schwacher Hitze kochen lassen, dabei gelegentlich umrühren (abgetropfte Möhren-Erbsen-Mischung aus der Dose nur mit den Kartoffelhälften in der Sauce erhitzen).

5 Die Sauce mit Salz, Pfeffer und eventuell noch etwas Curry abschmecken. Kartoffelhälften unter die Sauce rühren und etwa 4 Minuten miterhitzen.

6 Eier waagerecht halbieren. Kartoffel-Curry mit den Eierhälften anrichten.

TIPPS: Wenn einmal Pellkartoffeln übrig geblieben sind, ist dieses Rezept eine prima Idee, daraus noch einmal ein komplettes Essen für die Familie zusammenzustellen. Falls kleinere Kinder mitessen, eventuell Currypulver weglassen, dafür etwas milden Senf unter die Sauce rühren und gleichzeitig etwas mehr Sauce zubereiten. Alle, die den Currygeschmack mögen, stäuben sich dann erst am Tisch etwas Currypulver über ihr Gericht. Für die Kleinsten Kartoffeln und Gemüse auf dem Teller mit reichlich Sauce leicht zermusen, das ist besonders beliebt.

20 MINUTEN

Kohlrabi-Rahm-Kartoffeln mit Zuckererbsen zu wachsweichem Ei

Preiswert (4 Portionen)

Zutaten
2 mittelgroße Kohlrabi
4 mittelgroße Kartoffeln
250 g Zuckerschoten
2 EL Butter oder Margarine
1 TL flüssiger Honig
1 EL Zitronensaft
Salz
frisch gemahlener Pfeffer
frisch geriebene Muskatnuss
200 g Schlagsahne
evtl. 1 Bund Kerbel

4 EL Weißweinessig
4 Eier (Größe M)

Pro Portion:
E: 14 g, F: 30 g, Kh: 27 g,
kJ: 1869, kcal: 446, BE: 2,0

Garzeit: etwa 20 Minuten

1 Kohlrabi putzen, schälen, abspülen, abtropfen lassen und in kleine Würfel schneiden. Kartoffeln waschen, schälen, abspülen, abtropfen lassen und ebenfalls klein würfeln. Von den Zuckerschoten die Enden abschneiden, eventuell abfädeln. Zuckerschoten waschen, trocken tupfen und halbieren.

2 Butter oder Margarine in einem weiten Topf zerlassen. Kohlrabi- und Kartoffelwürfel darin unter Rühren andünsten. Honig, Zitronensaft, Salz, Pfeffer und Muskat hinzugeben. Kohlrabi- und Kartoffelwürfel zugedeckt etwa 7 Minuten dünsten. Zuckerschotenhälften und 100 ml Wasser hinzugeben, zum Kochen bringen und zugedeckt weitere etwa 5 Minuten garen.

3 Sahne unterrühren und etwas einkochen lassen. Nach Belieben Kerbel abspülen und trocken tupfen. Die Blättchen von den Stängeln zupfen. Blättchen klein schneiden und zu den Kohlrabi-Rahm-Kartoffeln geben. Nochmals mit den Gewürzen abschmecken.

4 Zwei Liter Wasser mit Essig und 1 Esslöffel Salz in einem Topf aufkochen lassen. Die Temperatur reduzieren, sodass das Wasser sich nur leicht bewegt. Die Eier einzeln in einer Tasse oder Suppenkelle aufschlagen und vorsichtig in das siedende Wasser gleiten lassen. Die Eier nach etwa 4 Minuten mit einer Schaumkelle aus dem Salzwasser heben und mit den Kohlrabi-Rahm-Kartoffeln servieren.

TIPPS: Gesellt sich unerwartet ein weiterer Esser als geplant an den Tisch? Dann können Sie zu diesem Gericht Gnocchi (aus dem Kühlregal) oder Spätzle als Sättigungsbeilage reichen und einfach ein Ei mehr pochieren.
Für Papa, der gern Fleisch mag, statt Ei gebratene Hähnchenbrust oder würzige Bratwurst zu den Kohlrabi-Rahm-Kartoffeln reichen. Probieren Sie doch einmal vegetarische Bratwurst aus Seitan.
Bleiben Reste von den Kohlrabi-Rahm-Kartoffen übrig, eventuell mit 1 Dose abgetropfter Gemüse-Mais-Mischung verlängern. Kartoffelpüree aus der Packung oder TK-Kartoffelpuffer nach Packungsanleitung zubereiten und dazureichen.

20
MINUTEN

Bunte Quiche mit Kräuter-Eier-Sahne

Einfach (4 Portionen)

Zutaten
1 rote oder gelbe Paprikaschote (etwa 200 g)
2 mittelgroße Zucchini (etwa 250 g)
200 g Cocktailtomaten
4 Eier (Größe M)
200 g Schlagsahne
Salz
frisch gemahlener Pfeffer
25 g TK-Kräuter-Mischung

Für den Quark-Öl-Teig:
200 g Weizenmehl
½ Pck. Dr. Oetker Backin
100 g Speisequark (Magerstufe)
1 Ei (Größe M)
3 EL Milch
4 EL Speiseöl

Pro Portion:
E: 21 g, F: 35 g, Kh: 46 g,
kJ: 2480, kcal: 592, BE: 3,5

Zubereitungszeit: **30 Minuten, ohne Backzeit**
Backzeit: **etwa 45 Minuten**

1 Paprikaschote halbieren, entstielen, entkernen und die weißen Scheidewände entfernen. Schotenhälften waschen, abtropfen lassen und in Stücke schneiden. Zucchini waschen, abtrocknen und die Enden abschneiden. Zucchini in Scheiben schneiden. Tomaten waschen, trocken tupfen, halbieren und die Stängelansätze herausschneiden.

2 Eier mit Sahne verschlagen. Mit Salz und Pfeffer würzen. Kräuter-Mischung unterrühren.

3 Den Backofen vorheizen.
Ober-/Unterhitze: etwa 180 °C
Heißluft: etwa 160 °C

4 Für den Teig Mehl mit Backpulver mischen und in eine Rührschüssel geben. Quark, Ei, Milch und Speiseöl hinzufügen. Die Zutaten mit Handrührgerät mit Knethaken zunächst kurz auf niedrigster, dann auf höchster Stufe zu einem glatten Teig verarbeiten (nicht zu lange, Teig klebt sonst). Den Teig auf einer bemehlten Arbeitsfläche zu einer Rolle formen.

5 Teigrolle zu einer runden Platte (Ø etwa 30 cm) ausrollen und in eine Pieform (Ø 26–28 cm, gut gefettet oder mit Backpapier belegt) legen, dabei einen etwa 3 cm hohen Rand andrücken.

6 Paprikastücke und Zucchinischeiben auf dem Teigboden verteilen und mit der Kräuter-Eier-Sahne übergießen.

7 Die Form auf dem Rost in den vorgeheizten Backofen schieben. Die Quiche etwa 45 Minuten backen.

8 Die Form aus dem Backofen nehmen. Quiche kurz ruhen lassen, in Tortenstücke schneiden und sofort servieren.

TIPPS: Statt mit frischem Gemüse können Sie die Quiche auch mit einer TK-Gemüse-Mischung zubereiten. Lecker sind z. B. Gemüsemischungen mit Brokkoli oder mediterrane Mischungen mit Paprikaschoten und Aubergine. Falls Sie TK-Gemüse aus Portionsbeuteln verwenden, etwa 500 g Gemüse entnehmen, auf Küchenpapier legen und leicht antauen lassen. Dann das Gemüse wie im Rezept beschrieben auf dem Teig verteilen und mit der Kräuter-Eier-Sahne übergießen. Die Quiche wie im Rezept angegeben fertig backen.
Wenn es einmal ganz schnell gehen soll, einfach einen fertig gekauften Blätterteig (frisch oder TK) für die Quiche verwenden.
Statt der Sahne die gleiche Menge saure Sahne oder – ganz fettarm – Speisequark (Magerstufe) verwenden.

30 MINUTEN

Tortelliniauflauf mit Salbei und Schinkenwürfeln

Gut vorzubereiten (4 Portionen)

Zutaten
250 g Tortellini mit Käse- oder Fleischfüllung
Salzwasser
1 Bund Frühlingszwiebeln
½ Bund Salbei
4 Tomaten (etwa 250 g)
1 Fenchelknolle (etwa 200 g)
3 EL Olivenöl
Salz, frisch gemahlener Pfeffer
1 abgezogene, zerdrückte Knoblauchzehe
150 g magere Schinkenwürfel
2 Eier (Größe M)
200 g Schlagsahne
150 g saure Sahne
30 g Butter
30 g frisch geriebener Parmesan-Käse

Pro Portion:
E: 26 g, F: 47 g, Kh: 49 g,
kJ: 3019, kcal: 733, BE: 3,5

Zubereitungszeit: **30 Minuten, ohne Backzeit**
Garzeit: **etwa 30 Minuten**

1 Tortellini in kochendem Salzwasser nach Packungsanleitung garen. Tortellini in ein Sieb geben, mit kaltem Wasser übergießen und abtropfen lassen.

2 Frühlingszwiebeln putzen, waschen, abtropfen lassen und in feine Scheiben schneiden. Salbei abspülen und trocken tupfen. Die Blättchen von den Stängeln zupfen (einige Blättchen zum Garnieren beiseitelegen).

3 Den Backofen vorheizen.
Ober-/Unterhitze: etwa 200 °C
Heißluft: etwa 180 °C

4 Tomaten waschen, abtropfen lassen, kreuzweise einschneiden, kurz in kochendes Wasser legen und in kaltem Wasser abschrecken. Tomaten enthäuten, halbieren, entkernen und die Stängelansätze herausschneiden. Tomatenhälften in Würfel schneiden. Von der Fenchelknolle die Stiele dicht oberhalb der Knolle abschneiden. Braune Stellen und Blätter entfernen. Wurzelende gerade schneiden. Knolle waschen, abtropfen lassen und in feine Scheiben schneiden.

5 Olivenöl in einem Topf erhitzen. Frühlingszwiebelscheiben, Salbeiblättchen und Fenchelscheiben darin etwa 5 Minuten unter mehrmaligem Wenden andünsten. Mit Salz, Pfeffer und Knoblauch würzen.

6 Die vorbereiteten Zutaten mit den Schinkenwürfeln in einer Schüssel mischen und in eine Auflaufform (gefettet) geben. Eier mit Schlagsahne und saurer Sahne verschlagen, mit Salz und Pfeffer würzen. Die Eiersahne auf dem Auflauf verteilen. Butter in Flöckchen daraufsetzen und mit Parmesan-Käse bestreuen. Die Form auf dem Rost in den vorgeheizten Backofen schieben. Den Auflauf etwa 30 Minuten garen.

7 Den Auflauf mit den beiseitegelegten Salbeiblättchen garnieren.

TIPPS: Wenn es einmal rascher gehen muss: Einen Arbeitsgang sparen Sie sich, wenn Sie statt der frischen Tomaten auf 1 kleine Packung (275 g) stückige Tomaten aus dem Tetra Pak® zurückgreifen.
Salbei ist als Gewürz bei kleinen Kindern nicht immer gern gesehen. Tauschen Sie es einfach gegen Basilikum oder glatte Petersilie aus. Diese Kräuter allerdings nicht mitbraten, sondern nur klein geschnitten unter die Eiersahne rühren.

Bleiben Reste des Auflaufs übrig, dann 200 g Champignons putzen, mit Küchenpapier abreiben und in Scheiben schneiden. 2 mittelgroße Zucchini waschen, abtrocknen und in Würfel schneiden. Die Auflaufreste mit den Champignonscheiben und Zucchiniwürfeln in einer Pfanne kurz braten. 125 g Mozzarella abtropfen lassen, in Scheiben schneiden und darauflegen. Zugedeckt in der Pfanne bei schwacher Hitze schmelzen lassen. So reicht es für 2–3 Personen. Servieren Sie einen schnellen Blatt- oder Tomatensalat vorweg, so werden auch 2 größere und 2 kleinere Esser davon satt.

Linsen-Dal mit Putenwürstchen

Etwas Besonderes (4 Portionen)

Zutaten
etwa 250 g Knollensellerie
2 große Möhren
1 EL Butter oder Margarine
1 TL Garam masala (indische Gewürzmischung, erhältlich im Asialaden) oder Currypulver
Saft von 1 Limette
1 EL flüssiger Honig
etwa 500 ml (½ l) Gemüsebrühe (Instant)
250 g rote Linsen
200 g Joghurt
2–3 EL Mango Chutney (aus dem Glas)
evtl. 5 Stängel frischer Koriander
1 EL Speiseöl, z. B. Sonnenblumenöl
4–6 Putenbratwürstchen (je etwa 60 g)
Salz
frisch gemahlener Pfeffer
1 reife Mango

Pro Portion:
E: 32 g, F: 20 g, Kh: 55 g,
kJ: 2243, kcal: 536, BE: 4,5

Garzeit: etwa 15 Minuten

1 Sellerie und Möhren putzen, schälen, abspülen, abtropfen lassen und in sehr feine Würfel schneiden. Butter oder Margarine in einem Topf zerlassen. Sellerie- und Möhrenwürfel darin unter Rühren andünsten. Mit Garam masala oder Curry würzen. Limettensaft mit Honig verrühren, zu dem angedünsteten Gemüse in den Topf geben und gut unterrühren.

2 Brühe und Linsen hinzugeben, zum Kochen bringen und etwa 15 Minuten bei schwacher Hitze kochen lassen, dabei ab und zu vorsichtig umrühren.

3 Joghurt und Mango Chutney glatt rühren. Nach Belieben Koriander abspülen und trocken tupfen. Die Blättchen von den Stängeln zupfen (einige Blättchen zum Garnieren beiseitelegen). Blättchen klein schneiden und unter die Joghurt-Mango-Creme rühren.

4 Speiseöl in einer Pfanne erhitzen. Die Würstchen darin von allen Seiten braun braten. Linsen-Dal mit Salz und Pfeffer abschmecken.

5 Mango längs halbieren und den Stein herauslösen. Mangohälften schälen und in Spalten schneiden.

6 Linsen-Dal mit der Joghurt-Mango-Creme, den Putenbratwürstchen, Mangospalten und beiseitegelegten Korianderblättchen anrichten.

TIPPS: Dal ist ein Linsen-Gericht aus der indischen Küche. Ihren Geschmack bekommen die feinen, nur kurz gegarten Hülsenfrüchte aus den vielfältigen Gewürz-Aromen von Kreuzkümmel, Kardamom, Zimt, Chili, Kurkuma und mehr. Wer nicht alle Gewürzsorten vorrätig hat, kann auch eine fertige Gewürzmischung (erhältlich in Feinkostabteilungen der Supermärkte) oder Currypulver verwenden. Hier finden Sie auch häufig Chapatti oder Naan, kleine indische Fladenbrote. Sie passen sehr gut als Beilage zu dem Linsen-Dal.

Ofenfilet all' italiana mit Tomate und Mozzarella

Raffiniert (4 Portionen)

Zutaten
600 g festes Fischfilet (z. B. Lengfisch, Atlantik-Seelachs, Lachsforelle, frisch oder TK)
1 TL fein abgeriebene Zitronenschale und 2 EL Zitronensaft von 1 Bio-Zitrone (unbehandelt, ungewachst)
500 g Fleischtomaten

2 TL Butter oder Speiseöl für die Form

Salz, frisch gemahlener Pfeffer
etwas frischer Rosmarin, Thymian oder Basilikum

125 g Mozzarella
4 EL frisch geriebener Parmesan-Käse
1 EL Vollkorn-Semmelbrösel

einige Basilikumblättchen

Pro Portion:
E: 40 g, F: 15 g, Kh: 6 g,
kJ: 1347, kcal: 322, BE: 0,5

Zubereitungszeit: 20 Minuten, ohne Garzeit
Garzeit: etwa 25 Minuten

1 Fischfilets (TK-Fischfilets vorher auftauen lassen) kurz unter fließendem kalten Wasser abspülen, trocken tupfen und in 4 Portionen teilen.

2 Zitrone heiß abwaschen, abtrocknen und die Schale abreiben. Von der Zitronenschale etwa 1 Teelöffel abmessen. Zitrone halbieren, den Saft auspressen und 2 Esslöffel abmessen. Fischfiletstücke mit 2 Esslöffeln Zitronensaft beträufeln.

3 Den Backofen vorheizen.
Ober-/Unterhitze: etwa 180 °C
Heißluft: etwa 160 °C

4 Tomaten waschen, abtropfen lassen, kreuzweise einschneiden, kurz in kochendes Wasser legen und in kaltem Wasser abschrecken. Tomaten enthäuten, halbieren, entkernen und die Stängelansätze herausschneiden. Tomatenhälften in dicke Scheiben schneiden.

5 Die Fischfiletstücke in einer großen, flachen Auflaufform (mit Butter oder Speiseöl bestrichen) verteilen. Mit Salz, Pfeffer und Zitronenschale würzen. Die Tomatenscheiben dachziegelartig auf die Fischfiletstücke legen. Mit Salz und Pfeffer würzen. Kräuter abspülen und trocken tupfen. Die Blättchen bzw. Nadeln von den Stängeln zupfen. Blättchen und Nadeln klein schneiden, auf den Tomatenscheiben verteilen.

6 Mozzarella abtropfen lassen, in dünne Scheiben schneiden und auf die Tomatenscheiben legen. Parmesan-Käse mit Semmelbröseln mischen und daraufstreuen. Die Form auf dem Rost in den vorgeheizten Backofen schieben. Ofenfilets etwa 25 Minuten garen.

7 Basilikumblättchen abspülen und trocken tupfen. Die Ofenfilets auf einer vorgewärmten Platte anrichten und mit den Basilikumblättchen bestreut servieren.

Beilage: Butterreis, Pasta oder Kartoffelpüree.

TIPP: Wer eine größere Runde zu Tisch oder Gäste erwartet, kann aus diesem Gericht auch ein praktisches Ofen-Essen machen. Dazu pro Portion 200–250 g Kartoffeln waschen, schälen, abspülen, abtropfen lassen, in feine Scheiben schneiden und in einer sehr großen Auflaufform oder in einer Fettpfanne (gefettet) verteilen. Mit Salz, Pfeffer und eventuell getrockneten Kräutern würzen. Eine Mischung aus halb Sahne, halb Milch hinzugießen, sodass die Kartoffelscheiben gerade gut mit der Sahnemilch bedeckt sind. Die Form auf dem Rost oder die Fettpfanne in den vorgeheizten Backofen schieben. Ober-/Unterhitze: etwa 200 °C, Heißluft: etwa 180 °C. Die Kartoffelscheiben 25–30 Minuten garen. Dann 150–175 g Fischfiletstücke, 750 g Tomaten, in Scheiben und die Parmesan-Käse-Semmelbrösel-Mischung (6–8 Esslöffel Parmesan-Käse, 2 Esslöffel Semmelbrösel) darauf verteilen, weitere etwa 25 Minuten bei gleicher Temperatureinstellung garen.

35 MINUTEN

Seelachsschnitzel in Cornflakes-Kruste

Für Kinder (4 Portionen)

Zutaten
600–700 g Fischschfilet, z. B. Seelachs
Zitronensaft
Salz, frisch gemahlener Pfeffer
125 g Cornflakes
2 Eier
2 EL Weizenmehl

Für den Salat:
½ Eisbergsalat (etwa 125 g)
½ Lollo rosso (etwa 125 g)
½ Bund Radieschen (etwa 100 g)
½ Bund Schnittlauch
150 g Joghurt
Saft von ½ Zitrone
etwas Zucker

3 EL Speiseöl, z. B. Sonnenblumenöl

Pro Portion:
E: 36 g, F: 17 g, Kh: 23 g,
kJ: 1633, kcal: 389, BE: 2,0

Garzeit: **etwa 12 Minuten**

1 Seelachsfilets unter fließendem kalten Wasser abspülen, trocken tupfen, in 12 gleich große Stücke teilen. Dickere Fischstücke etwas flach drücken. Fischstücke mit Zitronensaft beträufeln. Mit Salz und Pfeffer würzen.

2 Cornflakes in einen Gefrierbeutel geben. Beutel verschließen. Cornflakes mit einer Teigrolle fein zerbröseln, in eine Schüssel geben. Eier in einer flachen Schüssel verschlagen. Die Fischstücke zuerst in Mehl wenden, dann durch die verschlagenen Eier ziehen, am Schüsselrand abstreifen und zuletzt in den Cornflakesbröseln wenden. Panade fest andrücken.

3 Für den Salat Eisbergsalat und Lollo rosso putzen, waschen, gut abtropfen lassen oder trocken schleudern. Salat in Stücke zupfen. Radieschen putzen, waschen, trocken tupfen, in Scheiben schneiden. Schnittlauch abspülen, trocken tupfen, in Röllchen schneiden.

4 Joghurt mit Zitronensaft verrühren. Mit Salz, Pfeffer und Zucker kräftig abschmecken. Den Salat mit der Joghurtsauce vermischen, mit Schnittlauchröllchen bestreuen.

5 Jeweils die Hälfte des Speiseöls in einer großen Pfanne erhitzen. Die Fischstücke darin in 2 Portionen etwa 6 Minuten von beiden Seiten goldbraun braten, herausnehmen. Die Seelachsschnitzel mit dem Salat servieren.

Beilage: In Butter geschwenkte Salzkartoffeln mit gehackten Kräutern oder ein fertig gekaufter Kartoffelsalat mit Joghurt-Dressing.

TIPPS: Für dieses Gericht können Sie auch anderes festes Fischfilet verwenden, z. B. Viktoriabarsch. Wenn Sie auf TK-Fischfilets zurückgreifen möchten, dann Fischfilets auftauen lassen, unter fließendem kalten Wasser abspülen, trocken tupfen, mit Zitronensaft beträufeln. Dann wie im Rezept beschrieben weiter verarbeiten.
Falls kleine Kinder mitessen, die Filetstückchen zuvor gründlich auf kleine Gräten untersuchen. Denn die meisten Kinder empfinden es als äußerst unangenehm, Gräten im Mund zu haben und weigern sich, weiter zu essen. Dazu mit den Händen vorsichtig entgegen der Faser des Fischfleisches streichen, Gräten ggf. mit einer Pinzette herausziehen. Übrigens: Die unteren Schwanzstücke vom Seelachs sind zwar dünner, enthalten aber, sofern gut filetiert, in der Regel keine Gräten.

35
MINUTEN

40 MINUTEN

Kartoffel-Fisch-Nuggets

Für Kinder (4 Portionen)

Zutaten
375 g mehligkochende Kartoffeln
125 g Möhren
Salz
175 g festes Fischfilet
(z. B. Seelachs, Lachs, frisch oder TK)
2 EL Zitronensaft
4 EL Schlagsahne
1 Ei (Größe M)
1 Eigelb (Größe M)
frisch gemahlener Pfeffer
evtl. ½ TL gerebelter Thymian oder Majoran
5–6 EL Vollkorn-Semmelbrösel
oder grober Maisgrieß
3 EL Butterschmalz oder Speiseöl

Pro Portion:
E: 15 g, F: 20 g, Kh: 28 g,
kJ: 1466, kcal: 350, BE: 2,0

Garzeit: etwa 25 Minuten

1 Kartoffeln waschen, schälen, abspülen, abtropfen lassen. Möhren putzen, schälen, abspülen, abtropfen lassen. Kartoffeln und Möhren in gleich große Stücke schneiden und in einen Topf geben. So viel Wasser hinzugießen, dass die Kartoffel- und Möhrenstücke knapp mit Wasser bedeckt sind. ½ Teelöffel Salz hinzufügen. Die Zutaten zum Kochen bringen und zugedeckt etwa 20 Minuten garen.

2 Fischfilet (TK-Fischfilet vorher auftauen lassen) kurz unter fließendem kalten Wasser abspülen, trocken tupfen und in sehr kleine Würfel schneiden. Fischwürfel mit Zitronensaft beträufeln.

3 Die garen Kartoffel- und Möhrenstücke abgießen, dabei etwas Kochwasser auffangen. Sahne zu den Kartoffel- und Möhrenstücken geben und mit einem Kartoffelstamper fein zerdrücken. Etwas abkühlen lassen.

4 Ei und Eigelb verschlagen, mit den Fischwürfeln zum Püree geben und gut untermischen. Sollte das Püree etwas zu fest sein – es muss sich allerdings noch formen lassen – eventuell etwas von dem aufgefangenen Kochwasser unterrühren. Das Püree mit Salz, Pfeffer, Thymian oder Majoran kräftig würzen.

5 Aus der Masse mit angefeuchteten Händen kleine Nuggets oder Frikadellen formen, in Semmelbröseln oder Maisgrieß wenden.

6 Jeweils etwas Butterschmalz oder Speiseöl in einer großen Pfanne erhitzen. Nuggets oder Frikadellen darin portionsweise von beiden Seiten knusprig braten und herausnehmen.

Beilage: Senfsauce (Fertigprodukt) und Tomaten- oder Gurkensalat.

TIPPS: Auch wenn zur Mittagszeit nicht alle pünktlich am Tisch erscheinen können: Diese würzigen Fisch-Nuggets lassen sich prima vorbereiten und dann portionsweise knusprig frisch aus der Pfanne servieren.
Zusätzlich 2 Esslöffel Röstzwiebeln, 2 Esslöffel Sonnenblumenkerne oder 2–3 Esslöffel frisch geriebenen Parmesan-Käse unter das Püree (s. Punkt 4) geben.
Wer keinen Fisch mag, bekommt die Kartoffel-Möhren-Masse pur bzw. mit zerbröseltem Feta-Käse oder fein gewürfelten, getrockneten Tomaten gemischt gebraten.
Bleibt mal etwas von den Kartoffel-Fisch-Nuggets übrig, einfach für einen Snack am nächsten Tag kalt stellen. Mit etwas Tomatenketchup, frischen Gurkenscheiben, Salatcreme und Röstzwiebeln zwischen einem frischen Brötchen serviert, laufen die leckeren Nuggets nochmals zur Hochform auf.

10
MINUTEN

Knusper-Fischstücke aus dem Ofen

Schnell – einfach (4 Portionen)

Zutaten
500–600 g festes Fischfilet (z. B. Zander, Seelachs, Lachs, Lachsforelle, frisch oder TK)
2 EL Zitronensaft
Salz
frisch gemahlener Pfeffer
1 Bund glatte Petersilie
1–2 Zweige frischer Thymian oder Rosmarin
5 EL weiche Butter
6 EL Semmelbrösel, z. B. Vollkornbrösel
2 EL milder Senf
1 TL Tomatenmark

Pro Portion:
E: 29 g, F: 25 g, Kh: 18 g,
kJ: 1749, kcal: 418, BE: 1,5

Garzeit: etwa 20 Minuten

1 Fischfilets (TK-Fischfilets vorher auftauen lassen) kurz unter fließendem kalten Wasser abspülen, trocken tupfen und eventuell vorhandene Gräten sorgfältig entfernen. Fischfilets mit Zitronensaft beträufeln und kurz durchziehen lassen.

2 Den Backofen vorheizen.
Ober-/Unterhitze: etwa 200 °C
Heißluft: etwa 180 °C

3 Petersilie und Thymian oder Rosmarin abspülen und trocken tupfen. Die Blättchen bzw. Nadeln von den Stängeln zupfen. Blättchen bzw. Nadeln sehr klein schneiden.

4 Butter in eine kleine Rührschüssel geben. Semmelbrösel, 1 Esslöffel Senf, ½ Teelöffel Salz und etwas Pfeffer hinzufügen und gut verkneten. Kräuter unterarbeiten.

5 Fischfilets in insgesamt 6–8 Portionsstücke teilen und nebeneinander in eine große Auflaufform legen. Mit Salz und Pfeffer würzen.

6 Restlichen Senf mit Tomatenmark verrühren. Die Fischfiletstücke damit dünn bestreichen. Die Butter-Kräuter-Mischung darauf verteilen. Die Form auf dem Rost in den vorgeheizten Backofen schieben. Die Fischfilets etwa 20 Minuten garen.

Beilage: Kartoffelpüree und Gurkensalat mit Dill-Sahne-Dressing.

TIPPS: Wenn Sie die Knusper-Fischstücke mit einer asiatischen Note servieren möchten, würzen Sie die Fischfilets mit Sojasauce und etwas Chilipulver und tauschen 3 Esslöffel Semmelbrösel gegen 3 Esslöffel Sesamsamen aus. Dazu passt ein Gurkensalat mit Limetten-Ingwer-Dressing und frischem Koriander.
Falls Sie einen Fisch-Muffel oder gar Allergiker am Tisch haben, nehmen Sie etwas von der Butter-Kräuter-Mischung ab und setzen eine waagerecht halbierte, mit Salz und Pfeffer gewürzte Fleischtomate in eine kleine Auflaufform. Die Form mit in den Backofen schieben. Die Tomatenhälften etwa 15 Minuten mitgaren lassen.

20 MINUTEN

Backfisch auf Rahmgurken

Raffiniert (4 Portionen)

Zutaten

1 ½ Salatgurken
150 g Crème fraîche
1 TL milder Senf
2 EL frisch gehackter Dill oder 25 g TK-Dill
Salz, frisch gemahlener Pfeffer

80 g Weizenmehl (Type 1050)
20 g gesiebte Speisestärke
1 Ei (Größe M)
125 ml (⅛ l) Milch
1 EL Speiseöl, z. B. Sonnenblumenöl

500–600 g festes Fischfilet (z. B. Seelachs, Tilapia, Lachsforelle, frisch oder TK)

etwa 750 ml (¾ l) Speiseöl oder
etwa 350 g Butterschmalz

Pro Portion:
E: 29 g, F: 30 g, Kh: 18 g,
kJ: 1917, kcal: 459, BE: 1,5

Garzeit: etwa 15 Minuten

1 Gurken waschen, abtrocknen, eventuell halbieren, Kerne mit einem Löffel herausschaben (Gurken nach Belieben schälen). Gurken in feine Scheiben schneiden oder hobeln.

2 Crème fraîche mit Senf und Dill verrühren. Mit Salz und Pfeffer würzen. Die Gurkenscheiben untermischen. Rahmgurken kurz durchziehen lassen.

3 Mehl mit Speisestärke und 1 Teelöffel Salz in einer Rührschüssel vermischen. Ei, Milch und Speiseöl verschlagen, zu der Mehlmischung geben, mit Handrührgerät mit Rührbesen gut unterrühren. Den Teig kurz quellen lassen.

4 Fischfilets (TK-Fischfilet vorher auftauen lassen) kurz unter fließendem kalten Wasser abspülen, trocken tupfen, in Streifen schneiden, eventuell vorhandene Gräten entfernen.

5 Speiseöl oder Butterschmalz in einer Fritteuse oder tiefen Pfanne auf etwa 180 °C erhitzen.

6 Falls der Teig zu fest geworden ist, etwas Wasser unterrühren. Die Fischstreifen portionsweise mit einer Gabel durch den Teig ziehen, am Schüsselrand abstreifen und in dem heißen Fett unter mehrmaligem Wenden knusprig ausbacken.

7 Die Fischstreifen mit einer Schaumkelle herausnehmen, auf Küchenpapier legen und abtropfen lassen. Den Backfisch mit den Rahmgurken anrichten.

Beilage: Kartoffelpüree, Pell- oder Salzkartoffeln.

TIPPS: Probieren Sie es aus: Mit diesem Gericht lassen sich auch kleine Fisch-Skeptiker mal von fertig gekauften Fischstäbchen abbringen. Wer mag, serviert dazu eine fertig gekaufte Remoulade.
Den milden Gurkensalat mögen Kinder besonders gern. Bevor der Dill untergemischt wird, eventuell einmal in die Runde fragen, ob jemand den Salat lieber ohne Dill essen möchte. Das erspart am Tisch enttäuschte Gesichter.
Mischen Sie ein paar Löffel von der Gurkensalat-Sauce mit gegarten Kartoffeln und etwas Butter auf dem Teller und zermusen diese Mischung gut. Das lieben vor allem die Kleinsten. Das eventuell schon beim Vorbereiten mit einplanen und etwas mehr Salatsauce zubereiten.

20 MINUTEN

Curryhähnchen

Raffiniert – einfach (4 Portionen)

Zutaten
3 Hähnchenbrustfilets (je etwa 200 g)
Salz
evtl. 1 Prise gemahlener Piment
1 mittelgroße Stange Porree (Lauch)
3 mittelgroße Möhren
evtl. 1 walnussgroßes Stück Ingwer
2 EL Butterschmalz
frisch gemahlener Pfeffer
1–2 TL mildes Currypulver
150 ml Gemüsebrühe (Instant)
Saft von ½ Limette
1 TL flüssiger Honig
250 g Joghurt

Pro Portion:
E: 39 g, F: 14 g, Kh: 8 g,
kJ: 1324, kcal: 317, BE: 0,5

Brat- und Garzeit: etwa 15 Minuten

1 Hähnchenbrustfilets kurz unter fließendem kalten Wasser abspülen, trocken tupfen und in Streifen schneiden. Mit etwas Salz und eventuell 1 Prise Piment würzen. Porree putzen, die Stange längs halbieren, gründlich waschen und abtropfen lassen.

2 Möhren putzen, schälen, abspülen und abtropfen lassen. Porree in Streifen und Möhren in feine Scheiben schneiden. Ingwer schälen und in kleine Würfel schneiden.

3 Butterschmalz in einer Pfanne erhitzen. Die Fleischstreifen darin von allen Seiten knusprig braun braten. Porreestreifen, Möhrenscheiben und Ingwerwürfel hinzufügen. Mit Salz, Pfeffer und Curry würzen, kurz mit anbraten. Gemüsebrühe hinzugießen. Limettensaft und Honig unterrühren.

4 Die Zutaten zum Kochen bringen und zugedeckt 5–7 Minuten bei schwacher Hitze köcheln lassen. Die Pfanne von der Kochstelle nehmen. Joghurt unter die Hähnchenpfanne rühren (nicht mehr kochen lassen). Die Hähnchenpfanne mit Curry, Salz und Piment würzig abschmecken.

Beilage: Vollkorn-Reis.

TIPPS: Wenn in Ihrer Familie Milchprodukte nicht so gut vertragen werden, reichern Sie das Curryhähnchen einfach mit einem Sojaprodukt an. Statt Porree schmecken auch rote Paprikaschoten, tiefgekühlte Erbsen oder Brokkoliröschen in diesem Curryhähnchen. Wenn mehr als 2 Erwachsene oder Teenager mitessen, eventuell etwas mehr Hähnchenfleisch mit einplanen und als Beilage eine große Portion Reis zubereiten. Reste von Reis und Curryhähnchen lassen sich prima einfrieren, da macht es eventuell auch Sinn, gleich eine doppelte Portion zuzubereiten. Dieses Gericht ist auch ideal, wenn Gäste kommen. Als Vorspeise können Sie zum Beispiel Frühlingsrollen (Fertigprodukt) mit einem Joghurt-Minz-Dip und Sambal oelek und als Hauptspeise das Curryhähnchen servieren. Als Dessert passt ein exotischer Obstteller (Ananas, Mango, Melone, Erdbeeren) mit Vanille-Eis. Das ganze Menü ist in nur 1 Stunde zubereitet.

20
MINUTEN

40
MINUTEN

Putenrouladen mit Schafkäse und Paprikareis

Raffiniert (4 Portionen)

Zutaten
375 ml (3/8 l) Wasser
1 gestr. TL Salz
200 g Langkornreis

4–6 dünne Putenschnitzel (je etwa 130 g)
100 g fester Schafkäse
1 Eigelb (Größe M)
½ TL gerebelter Estragon
etwa 10 g TK-Basilikum
frisch gemahlener Pfeffer
2 EL Olivenöl
1 geh. EL Weizenmehl

400 ml heiße Fleischbrühe
je 1 grüne und rote Paprikaschote
2 EL Olivenöl, Salz
100 g Schlagsahne

Außerdem:
Holzspieße

Pro Portion:
E: 50 g, F: 26 g, Kh: 46 g,
kJ: 2628, kcal: 628, BE: 3,5

Garzeit: Rouladen etwa 20 Minuten

1 Für den Reis Wasser in einem Topf zum Kochen bringen. Salz und Langkornreis hinzufügen. Den Reis zugedeckt 15–20 Minuten bei schwacher Hitze quellen lassen. Reis in ein Sieb geben, mit kaltem Wasser übergießen und abtropfen lassen.

2 Putenschnitzel unter fließendem kalten Wasser abspülen, trocken tupfen und eventuell etwas flach klopfen. Schafkäse in eine Schüssel geben und zerbröseln. Eigelb, Estragon und Basilikum hinzufügen. Die Zutaten mit Handrührgerät mit Rührbesen verrühren. Mit Pfeffer würzen.

3 Die Schafkäse-Kräuter-Masse auf den Schnitzeln verteilen und von der schmalen Seite her aufrollen. Mit Holzspießen feststecken.

4 Jeweils etwas Speiseöl in einer großen Pfanne erhitzen. Die Putenrouladen mit etwas Mehl bestäuben und portionsweise in dem erhitztem Speiseöl von allen Seiten anbraten. Brühe hinzugießen und zum Kochen bringen. Die Rouladen zugedeckt etwa 20 Minuten bei schwacher bis mittlerer Hitze garen.

5 Paprikaschoten halbieren, entstielen, entkernen und die weißen Scheidewände entfernen. Schotenhälften waschen, abtropfen lassen und in kleine Würfel schneiden.

6 Olivenöl in einem großen Topf erhitzen. Die Paprikawürfel darin zugedeckt etwa 5 Minuten dünsten. Reis unterrühren und nochmals kurz erhitzen. Mit Salz und Pfeffer abschmecken.

7 Die Putenrouladen aus der Pfanne nehmen, auf eine vorgewärmte Platte legen und kurz warm stellen. Den Bratenfond etwa 4 Minuten bei starker Hitze einkochen. Sahne unterrühren und aufkochen lassen. Die Sauce mit Salz und Pfeffer abschmecken.

8 Putenrouladen mit dem Paprikareis und der Sauce anrichten.

TIPPS: Ein rasches Sonntagsessen für die Familie. Wenn Sie gleich die doppelte Menge Rouladen und Sauce zubereiten und einfrieren, dann brauchen Sie nur noch den Paprikareis zuzubereiten.

Den Paprikareis können Sie auch gut mit Vollkornreis zubereiten. Die Garzeit für den Reis beträgt dann allerdings etwa 35 Minuten. In Monaten, in denen die frischen Paprikaschoten sehr teuer sind, können Sie den Reis auch mit TK-Paprikastreifen, Champignons oder z. B. Möhren zubereiten.

25 MINUTEN

Pikant geschmorte Putenkeule

Raffiniert (4–5 Portionen)

Zutaten
2 Knoblauchzehen
1 walnussgroßes Stück frischer Ingwer
½ TL grob geschroteter Chili
3 TL flüssiger Honig
1 Putenoberkeule (etwa 800 g, ohne Knochen)
Salz
frisch gemahlener Pfeffer
2 Zwiebeln
2 Möhren
1 Stange Porree (Lauch)
2 EL Speiseöl oder Butterschmalz
2 EL Tomatenmark
1 Pimentkorn
1 Lorbeerblatt
2 Gewürznelken
200 ml Gemüse- oder Geflügelbrühe (Instant)

Außerdem:
Küchengarn

Pro Portion:
E: 36 g, F: 23 g, Kh: 9 g,
kJ: 1597, kcal: 382, BE: 0,5

Garzeit: etwa 50 Minuten

1 Knoblauch abziehen. Ingwer schälen. Knoblauch und Ingwer in sehr kleine Würfel schneiden, in eine kleine Schüssel geben. Chili und Honig gut unterrühren. Putenoberkeule kurz unter fließendem kalten Wasser abspülen, trocken tupfen, mit Salz und Pfeffer rundherum einreiben. Die Putenkeule von innen mit der Hälfte der Ingwer-Honig-Mischung bestreichen. Putenkeule mit Küchengarn umwickeln.

2 Den Backofen vorheizen.
Ober-/Unterhitze: etwa 180 °C
Heißluft: etwa 160 °C

3 Zwiebeln abziehen und in Spalten schneiden. Möhren putzen, schälen, abspülen, abtropfen lassen und in Scheiben schneiden. Porree putzen, die Stange längs halbieren, gründlich waschen, gut abtropfen lassen und in Streifen schneiden.

4 Speiseöl oder Butterschmalz in einem Bräter erhitzen. Die Putenkeule darin von allen Seiten kräftig anbraten. Putenkeule herausnehmen und kurz beiseitelegen.

5 Zwiebelspalten, Möhrenscheiben und Porreestreifen in dem verbliebenen Bratfett unter mehrmaligem Rühren andünsten. Tomatenmark unterrühren und kurz mitdünsten lassen. Mit Salz, Pfeffer, Piment, Lorbeerblatt und Gewürznelken würzen. Brühe hinzugießen. Die beiseitegelegte Putenkeule auf das angedünstete Gemüse legen. Den Bräter mit dem Deckel verschließen und auf dem Rost in den vorgeheizten Backofen schieben. Die Putenkeule etwa 50 Minuten garen.

6 Den Bräter aus dem Backofen nehmen. Die gare Putenkeule aus dem Bräter nehmen, auf den Rost (mit Alufolie belegt) legen und in den heißen Backofen schieben. Die Putenkeule bei gleicher Backofentemperatur von allen Seiten knusprig braun braten.

7 Die Putenkeule (Küchengarn entfernen) in Scheiben schneiden und mit dem Gemüse anrichten.

Beilage: Im Backofen mitgegarte Röstkartoffeln, ofenfrisches Baguette, Reis.

TIPPS: Wer es lieber klassisch mag, verzichtet auf die Würzmischung und verwendet nur Knoblauch, Salz, Pfeffer und eventuell etwas gerebelten Thymian. Dann zu der Putenkeule einen Dip aus Crème fraîche, Knoblauch und fein gehacktem Basilikum reichen.

Bleiben von dem Fleisch und Gemüse Reste übrig, dann das Fleisch in kleine Würfel schneiden, mit dem Gemüse und eventuell noch stückigen Tomaten (Dose oder Tetra Pak®) mischen und erhitzen. Z. B. in Giros-Brottaschen (Pita-Brote, aus dem Brotregal) anrichten oder zu Reis servieren.

Filettopf

Für Gäste (4 Portionen)

Zutaten
600 g Schweinefilet
1 TL milder Senf
6 Scheiben geräucherter Schinkenspeck (Bacon)
1 Dose Champignons in Scheiben
(Abtropfgewicht 230 g)
Salz
frisch gemahlener, schwarzer Pfeffer
je ½ TL gerebelter Majoran, frische Dillspitzen
und Petersilienstreifen

Für die Sauce:
200 g Schlagsahne
100 ml heiße Fleischbrühe (Instant)
½ TL Paprikapulver edelsüß
1 Prise Currypulver

Pro Portion:
E: 40 g, F: 20 g, Kh: 2 g,
kJ: 1501, kcal: 358, BE: 0

Zubereitungszeit: 20 Minuten, ohne Garzeit
Garzeit: etwa 45 Minuten

1 Den Backofen vorheizen.
Ober-/Unterhitze: etwa 180 °C
Heißluft: etwa 160 °C

2 Schweinefilet mit Küchenpapier trocken tupfen. Das Filet in 6 gleich große Scheiben (Medaillons) schneiden.

3 Die Medaillons mit Senf bestreichen und mit je 1 Scheibe Schinkenspeck umwickeln. Die Medaillons nicht zu dicht nebeneinander in eine große Auflaufform legen.

4 Champignonscheiben in einem Sieb abtropfen lassen und in die Zwischenräume der Medaillons geben. Medaillons und Champignonscheiben mit Salz, Pfeffer, Majoran, Dill und Petersilie bestreuen.

5 Für die Sauce Sahne mit der heißen Brühe verrühren. Mit Paprika und Curry würzen. Die Medaillons und Champignonscheiben mit der Sauce übergießen. Die Form zugedeckt auf dem Rost in den vorgeheizten Backofen schieben. Den Filettopf etwa 45 Minuten garen.

TIPPS: Statt der Sahne können Sie die Medaillons auch in einer Sauce aus stückigen Tomaten garen. Dazu 1 kleine Dose Pizza-Tomaten (Einwaage 400 g) mit Salz, Pfeffer und Kräutern würzen. Die Tomatensauce auf den Medaillons und Champignonscheiben verteilen. Bei gleicher Backofeneinstellung und der angegebenen Zeit garen.
Besonders lecker schmecken Spätzle, Bandnudeln oder Reis zum Filettopf.

35 MINUTEN

Hackbraten mit Kürbiskernen

Preiswert – schnell (4 Portionen)

Zutaten
1 Brötchen (Semmel) vom Vortag
100 g rote Zwiebeln
750 g Gehacktes (halb Rind-, halb Schweinefleisch)
1 Ei (Größe M)
45 g geschälte Kürbiskerne
1 EL mittelscharfer Senf
Salz, frisch gemahlener Pfeffer
100 g geraspelter Mozzarella
2 EL Semmelbrösel
1 TL gerebelter Thymian
500 g Tomaten
3 Frühlingszwiebeln
½ Bund Basilikum

Pro Portion:
E: 49 g, F: 44 g, Kh: 22 g,
kJ: 2834, kcal: 676, BE: 1,5

Zubereitungszeit: 35 Minuten, ohne Ruhezeit
Garzeit: etwa 50 Minuten

1 Den Backofen vorheizen.
Ober-/Unterhitze: etwa 180 °C
Heißluft: etwa 160 °C

2 Brötchen in kaltem Wasser einweichen. Zwiebeln abziehen und fein würfeln. Gehacktes in eine große Schüssel geben.

3 Eingeweichtes Brötchen gut ausdrücken, mit Zwiebelwürfeln, Ei, Kürbiskernen und Senf zu dem Gehackten geben und gut unterarbeiten. Mit Salz und Pfeffer würzen. Mozzarellaraspel, Semmelbrösel und Thymian untermengen.

4 Die Hackfleischmasse mit angefeuchteten Händen zu einem Laib formen und in eine Auflaufform (gefettet) legen. Die Form auf dem Rost in den vorgeheizten Backofen schieben. Den Hackbraten etwa 50 Minuten garen.

5 In der Zwischenzeit Tomaten waschen, abtrocknen, halbieren und die Stängelansätze herausschneiden. Tomatenhälften in grobe Würfel schneiden.

6 Frühlingszwiebeln putzen, waschen, abtropfen lassen und in feine Scheiben schneiden. Basilikum abspülen und trocken tupfen. Die Blättchen von den Stängeln zupfen. Blättchen in feine Streifen schneiden.

7 Tomatenwürfel nach etwa 30 Minuten Garzeit um den Hackbraten herum in die Form legen und mitgaren lassen.

8 Den garen Hackbraten aus der Form nehmen, auf eine vorgewärmte Platte legen und zugedeckt etwa 10 Minuten ruhen lassen. Frühlingszwiebelscheiben zu den Tomatenwürfeln in die Form geben und untermischen. Das Gemüse im ausgeschalteten Backofen etwa 10 Minuten nachgaren.

9 Das Tomatengemüse in eine Schüssel füllen und mit den Basilikumstreifen bestreuen. Den Hackbraten in Scheiben schneiden und mit dem Tomatengemüse servieren.

Beilage: Bandnudeln oder Kartoffelpüree.

TIPPS: Sie können auch bereits gewürztes Schweinegehacktes (Mett, Thüringer Mett) verwenden. Das muss nicht mehr zusätzlich gewürzt werden. So prüfen Sie, ob Ihr Braten bereits durchgegart ist: An der dicksten Stelle mit einem langen Holzspieß tief in den Braten stechen, tritt klarer Fleischsaft heraus, ist der Braten gar. Läuft noch milchige Flüssigkeit aus, den Braten weitergaren. Übrig gebliebener Braten schmeckt auch kalt sehr gut und ist ein leckerer Brotbelag.

35 MINUTEN

20 MINUTEN

Kasseler Italienische Art

Raffiniert (4–5 Portionen)

Zutaten
1 mittelgroße Gemüsezwiebel
2 Knoblauchzehen
4 mittelgroße Fleischtomaten (ersatzweise 1 kleine Dose Pizza-Tomaten, Einwaage 400 g)
etwas frischer Rosmarin, Salbei und Thymian
750 g Kasselerkotelett im Stück, ohne Knochen
1 EL Butterschmalz
1 Lorbeerblatt
Salz, frisch gemahlener Pfeffer

Für den Basilikum-Dip:
150 g Crème fraîche
100 g stichfeste, saure Sahne
1 Bund Basilikum

Pro Portion:
E: 33 g, F: 31 g, Kh: 10 g,
kJ: 1884, kcal: 450, BE: 0,5

Garzeit: etwa 40 Minuten

1 Zwiebel und Knoblauch abziehen. Zwiebel halbieren. Zwiebelhälften und 1 Knoblauchzehe in Würfel schneiden. Tomaten waschen, abtropfen lassen, kreuzweise einschneiden, kurz in kochendes Wasser legen und in kaltem Wasser abschrecken. Tomaten enthäuten, halbieren, entkernen, die Stängelansätze herausschneiden. Tomaten in grobe Würfel schneiden. Kräuter abspülen und trocken tupfen.

2 Kasseler mit Küchenpapier trocken tupfen. Butterschmalz in einem Schmortopf erhitzen. Kasseler darin von allen Seiten leicht braun anbraten. Kräuter, Lorbeerblatt, Zwiebel- und Knoblauchwürfel hinzugeben, unter Wenden mit anbraten. Mit 200 ml Wasser ablöschen.

3 Tomatenwürfel oder Tomaten aus der Dose hinzugeben. Mit etwas Salz und Pfeffer würzen. Kasseler zugedeckt etwa 40 Minuten bei mittlerer Hitze garen, dabei gelegentlich wenden.

4 Für den Dip Crème fraîche und saure Sahne glatt rühren. Die restliche Knoblauchzehe durch eine Knoblauchpresse drücken und unterrühren. Basilikum abspülen und trocken tupfen. Die Blättchen von den Stängeln zupfen. Blättchen in feine Streifen schneiden, unter den Dip rühren. Den Dip mit Salz und Pfeffer abschmecken.

5 Das Kasseler aus dem Schmortopf nehmen und kurz warm stellen. Tomaten-Zwiebel-Gemüse bei starker Hitze kräftig einkochen, mit Salz und Pfeffer abschmecken.

6 Das Kasseler in Scheiben schneiden und auf einer vorgewärmten Platte anrichten. Mit dem Tomaten-Zwiebel-Gemüse und Basilikum-Dip servieren.

Beilage: Kartoffel-Wedges, Röstkartoffeln, Polenta oder knuspriges Ciabatta.

TIPPS: Ein Sommer-Sonntagsessen, bei dem Sie das Fleisch und Schmorgemüse warm oder kalt servieren können. Das ist auch prima, falls Reste bleiben. Wenn Sie Fleisch- und Schmorgemüse-Reste mit stückigen Tomaten (aus der Dose oder Tetra Pak®) und etwas Sahne nochmals etwa 10 Minuten schmoren, können Sie daraus schnell ein Familienessen zaubern. Dazu passt auch ein schnell zubereitetes Kartoffelpüree aus der Packung.
Da sich der Braten gut vorbereiten lässt, ist er auch ideal für ein Party-Buffet.
Falls kleinere Kinder mitessen, die Fleischmenge auf etwa 600 g reduzieren. Statt der Zwiebeln eventuell Pastinaken oder fein gewürfelten Fenchel mitschmoren und, damit es ganz milde schmeckt, nur 2 Tomaten hinzugeben.

20
MINUTEN

20 MINUTEN

Lieblings-Gulasch, light

Raffiniert (4 Portionen)

Zutaten
600 g mageres Rindergulasch
3 große Zwiebeln
1 mittelgroßes Bund Suppengrün
(Knollensellerie, Möhren, Porree [Lauch])
2 EL Butterschmalz
2 EL Tomatenmark
Salz
frisch gemahlener Pfeffer
1 TL Paprikapulver edelsüß
500 ml (½ l) Gemüse- oder Fleischbrühe
(Instant)
2 große, rote Paprikaschoten
½ Bund Petersilie

Pro Portion:
E: 34 g, F: 19 g, Kh: 13 g,
kJ: 1507, kcal: 360, BE: 0,0

Garzeit: etwa 65 Minuten

1 Rindergulasch mit Küchenpapier trocken tupfen. Zwiebeln abziehen, halbieren und in Würfel schneiden. Sellerie und Möhren putzen, schälen, abspülen und abtropfen lassen. Sellerie und Möhren in kleine Würfel schneiden. Porree putzen, die Stange längs halbieren, gründlich waschen, abtropfen lassen und in sehr kleine Stücke schneiden.

2 Jeweils 1 Esslöffel Butterschmalz in einem weiten Schmortopf oder Bräter erhitzen. Gulasch darin in 2 Portionen von allen Seiten kräftig braun anbraten und herausnehmen.

3 Zwiebelwürfel in dem verbliebenen Bratfett braun anbraten. Vorbereitetes Suppengrün und Tomatenmark hinzugeben und unter Rühren kräftig andünsten. Mit Salz, Pfeffer und Paprika würzen. Gulasch hinzugeben und untermischen. Brühe hinzugießen, zum Kochen bringen und zugedeckt etwa 50 Minuten bei schwacher bis mittlerer Hitze garen.

4 In der Zwischenzeit Paprikaschoten halbieren, entstielen, entkernen und die weißen Scheidewände entfernen. Schotenhälften waschen, abtropfen lassen und in Würfel schneiden. Paprikawürfel zu dem Gulasch in den Schmortopf oder Bräter geben und untermischen. Nochmals mit Salz, Pfeffer und Paprika würzen. Gulasch wieder zum Kochen bringen und zugedeckt weitere etwa 15 Minuten bei schwacher Hitze garen. Gulasch nochmals mit den Gewürzen abschmecken.

5 Petersilie abspülen und trocken tupfen. Die Blättchen von den Stängeln zupfen. Blättchen klein schneiden. Gulasch mit Petersilie bestreut servieren.

Beilage: Makkaroni.

TIPPS: Kaum ein anderes Gericht eignet sich so gut zum Einfrieren wie Gulasch. Bereiten Sie deshalb am besten gleich die doppelte Menge zu, denn es macht kaum mehr Arbeit und Sie haben ein leckeres, komplett fertiges Sonntagsessen in petto.
Wenn auch Kinder mit am Tisch sitzen, werden von dieser Gulaschmenge 4–5 hungrige Esser leicht satt. Falls kleine Kinder mitessen, eventuell die Fleisch- und Gemüsemengen etwas reduzieren. Da viele Kinder gerne mehr Sauce essen, vor allem, wenn es als Beilage Nudeln gibt, die Flüssigkeitsmenge allerdings so belassen.
Gibt es bei Ihnen in der Familie Menschen mit empfindlichem Magen, eventuell die Paprikaschoten mit einem Sparschäler schälen oder ganz darauf verzichten. Stattdessen können Sie 150 g Champignons mitdünsten lassen.

Pesto-Filet

Für ein Sonntagsessen (4 Portionen)

Zutaten
600–700 g Schweinefilet
Salz
frisch gemahlener Pfeffer
2 EL Butterschmalz
3–4 mittelgroße Zucchini
2 Knoblauchzehen
2 EL Olivenöl
2 TL Zucker
2 EL Weißweinessig
2 Zweige frischer oder ½ TL gerebelter Oregano
2 EL Basilikum-Pesto (aus dem Glas)

Pro Portion:
E: 39 g, F: 16 g, Kh: 6 g,
kJ: 1373, kcal: 328, BE: 0,0

Garzeit: etwa 15 Minuten

1 Schweinefilet mit Küchenpapier trocken tupfen, mit Salz und Pfeffer würzen. Butterschmalz in einer Pfanne erhitzen. Schweinefilet darin von allen Seiten bei starker Hitze kräftig anbraten. Schweinefilet 10–15 Minuten bei mittlerer Hitze unter mehrmaligem Wenden braten.

2 Zucchini waschen, abtrocknen und die Enden abschneiden. Zucchini in dicke Scheiben schneiden. Knoblauch abziehen und zerdrücken.

3 Olivenöl in einer Pfanne erhitzen. Knoblauch und Zucchinischeiben darin unter Rühren anbraten. Mit Zucker bestreuen und leicht karamellisieren lassen. Zucchinischeiben mit Essig, Salz und Pfeffer würzen, unter Rühren etwa 2 Minuten dünsten.

4 Oreganozweige abspülen und trocken tupfen. Die Blättchen von den Stängeln zupfen. Blättchen klein schneiden. Oregano unter das Zucchini-Gemüse mischen.

5 Schweinefilet aus der Pfanne nehmen, kurz in Alufolie wickeln und ruhen lassen.

6 Schweinefilet aus der Alufolie wickeln. Den ausgetretenen Fleischsaft zu dem Zucchini-Gemüse geben und unterrühren.

7 Die Schweinefilet rundherum mit Pesto einstreichen, in Scheiben schneiden und mit dem Zucchini-Gemüse auf einer vorgewärmten Platte anrichten.

Beilage: Bandnudeln, Röstkartoffeln oder Polenta.

TIPPS: Probieren Sie Pesto doch mal zu frischen, neuen Pellkartoffeln oder Ofenkartoffeln in der Folie. Auch gebratene Koteletts oder Hackbraten können Sie vor dem Servieren mit etwas Pesto bestreichen.
Haben Sie Kinder, die kein Fleisch essen mögen, dann servieren Sie zum Zucchini-Gemüse in der Pfanne leicht geschmolzenen Mozzarella mit etwas Pesto.
Falls vom Zucchini-Gemüse etwas übrig bleibt, erkalten lassen und z. B. mit einigen gewürfelten Tomaten und Baguette als Antipasti servieren.

20 MINUTEN

Zucchini-Cannelloni in leichter Zitronensauce

Raffiniert (4 Portionen)

Zutaten
1 Zwiebel
Schale und Saft von ½ Bio- Zitrone (unbehandelt, ungewachst)
25 g Butter oder Margarine
25 g Weizenmehl
200 ml kräftige Gemüsebrühe (z. B. Instant)
300 ml Milch
Salz, frisch gemahlener Pfeffer
300 g Zucchini
250 g feines Wurstbrät, z. B. Kalbsbrät
1 TL frischer oder ½ TL gerebelter Thymian
etwa 16 Cannelloni
200 g stückige Tomaten (aus Dose oder Tetra Pak®)
30 g frisch geriebener Parmesan-Käse

evtl. etwas frischer Thymian

Pro Portion:
E: 20 g, F: 28 g, Kh: 42 g,
kJ: 2110, kcal: 504, BE: 3,5

Zubereitungszeit: 20 Minuten, ohne Back- und Ruhezeit
Garzeit: 45–50 Minuten

1 Zwiebel abziehen und in kleine Würfel schneiden. Zitrone heiß abwaschen, abtrocknen, von einer Zitronenhälfte die Schale fein abreiben und den Saft auspressen.

2 Den Backofen vorheizen.
Ober-/Unterhitze: etwa 180 °C
Heißluft: etwa 160 °C

3 Butter oder Margarine in einem Topf zerlassen. Zwiebelwürfel darin andünsten. Mehl hinzufügen und unter Rühren so lange erhitzen, bis es hellgelb ist. Brühe und Milch hinzugießen, mit einem Schneebesen durchschlagen. Dabei darauf achten, dass keine Klümpchen entstehen. Mit etwas Salz, Pfeffer und Zitronenschale würzen. Die Sauce zum Kochen bringen und etwa 3 Minuten bei schwacher Hitze kochen lassen. Zitronensaft unterrühren. Die Sauce würzig abschmecken.

4 Zucchini waschen, abtrocknen und die Enden abschneiden. Zucchini auf einer groben Haushaltsreibe raspeln. Zucchiniraspel in eine Schüssel geben. Wurstbrät und Thymian hinzugeben und gut unterarbeiten, eventuell mit etwas Pfeffer würzen (nicht salzen, da das Brät bereits gewürzt ist!).

5 Die Zucchini-Brät-Masse eventuell in einen Spritzbeutel mit großer Lochtülle füllen und in die Cannelloni spritzen. Oder die Zucchini-Brät-Masse mithilfe eines Löffels in die Cannelloni geben. Cannelloni nebeneinander in eine große Auflaufform legen. Stückige Tomaten darauf verteilen und mit der Sauce gleichmäßig übergießen. Mit Parmesan-Käse bestreuen. Die Form auf dem Rost in den vorgeheizten Backofen schieben. Die Cannelloni 45–50 Minuten garen.

6 Die Form aus dem Backofen nehmen. Cannelloni etwa 5 Minuten ruhen lassen.

7 Nach Belieben Thymian abspülen und trocken tupfen. Die Blättchen von den Stängeln zupfen. Zucchini-Cannelloni mit Thymianblättchen bestreut servieren.

TIPPS: Cannelloni und Sauce lassen sich gut 1 Tag vor dem Verzehr zubereiten und im Kühlschrank aufbewahren. Lecker würzig wird die Sauce, wenn Sie etwa 2 Esslöffel Röstzwiebeln (aus der Packung) unterrühren.
Wer dieses Gericht lieber vegetarisch zubereiten möchte, verwendet statt des Bräts 200 g abgetropften Speisequark (Magerstufe) oder fein zerbröselten Tofu, mit 2 Eigelb verrührt. Die Füllung mit Salz und Pfeffer würzig abschmecken.

Wer nicht soviel Zeit hat, die Sauce selbst zuzubereiten, greift auf eine Béchamelsauce oder Lasagnesauce (Fertigprodukt) zurück.
Gleich die doppelte Portion des Gerichts zubereiten und in einer großen Auflaufform gemeinsam garen (Garzeit verlängert sich dann um 15–20 Minuten). Dann eine Portion erkalten lassen und einfrieren. Zum Servieren in einer Auflaufform auftauen lassen. 4–5 Esslöffel Wasser hinzugeben und zugedeckt im vorgeheizten Backofen (Ober-/Unterhitze: etwa 180 °C, Heißluft: etwa 160 °C) etwa 30 Minuten erhitzen.

30 MINUTEN

Kohlrabi-Hack-Auflauf

Klassisch (4 Portionen)

Zutaten
2–3 Kohlrabi (je etwa 350 g)
Salz
2 Zwiebeln
2 EL Speiseöl, z. B. Sonnenblumenöl
600 g gemischtes Hackfleisch
(halb Rind-, halb Schweinefleisch)
evtl. 2 TL gerebelter Estragon
frisch gemahlener Pfeffer

Für die Sauce:
30 g Butter oder Margarine
40 g Weizenmehl
750 ml (¾ l) Milch
frisch geriebene Muskatnuss
2 Eigelb (Größe M)

200 g geriebener Mozzarella

½ Bund glatte Petersilie

Pro Portion:
E: 50 g, F: 56 g, Kh: 24 g,
kJ: 3348, kcal: 799, BE: 2,0

Zubereitungszeit: 30 Minuten, ohne Garzeit
Garzeit: 35–40 Minuten

1 Kohlrabi schälen, abspülen, abtropfen lassen und in etwa ½ cm dicke Scheiben schneiden. Kohlrabischeiben portionsweise in kochendem Salzwasser etwa 5 Minuten vorgaren. Kohlrabischeiben in ein Sieb geben und abtropfen lassen.

2 Zwiebeln abziehen und in kleine Würfel schneiden. Speiseöl in einer Pfanne erhitzen. Zwiebelwürfel und Hackfleisch darin unter Rühren kräftig anbraten. Dabei die Fleischklümpchen mit einer Gabel fein zerdrücken. Mit Estragon, Salz und Pfeffer würzen. Hackfleisch krümelig braun braten.

3 Den Backofen vorheizen.
Ober-/Unterhitze: etwa 200 °C
Heißluft: etwa 180 °C

4 Für die Sauce Butter oder Margarine in einem Topf zerlassen. Mehl hinzufügen und unter Rühren so lange erhitzen, bis es hellgelb ist. Milch hinzugießen und mit einem Schneebesen durchschlagen. Dabei darauf achten, dass keine Klümpchen entstehen. Die Sauce etwa 5 Minuten bei schwacher Hitze kochen lassen, dabei gelegentlich umrühren.

5 Die Sauce mit Salz, Pfeffer und Muskat kräftig würzen. Den Topf von der Kochstelle nehmen. Eigelb mit etwas von der Sauce verrühren und unter die restliche Sauce rühren (nicht mehr kochen lassen).

6 Den Boden einer großen, flachen Auflaufform mit etwas Sauce bestreichen. Dann die Kohlrabischeiben, Hackfleischmasse und Sauce abwechselnd in die Form schichten. Mit Mozzarella bestreuen. Die Form auf dem Rost in den vorgeheizten Backofen schieben. Den Auflauf 35–40 Minuten garen.

7 Petersilie abspülen und trocken tupfen. Die Blättchen von den Stängeln zupfen. Den Auflauf mit Petersilienblättchen bestreut servieren.

TIPPS: Ist die Zeit mal wieder knapp? Mit einer fertig gekauften Béchamel-Sauce aus der Packung/Tetra Pak® ist dieser Auflauf um einiges schneller eingeschichtet. Wenn es mal etwas anderes sein soll: Bereiten Sie diesen Auflauf doch einmal mit magerem Lammhackfleisch (z. B. aus dem türkischen Lebensmittel-Geschäft) zu. Lammhackfleisch dann mit einer Prise gemahlenem Zimt und etwas Chilipulver würzen.

30 MINUTEN

20 MINUTEN

Olivenhähnchen-Topf

Herzhaft (4 Portionen)

Zutaten
1 küchenfertig, zerlegtes Hähnchen (etwa 1,2 kg)
Salz, frisch gemahlener Pfeffer
Paprikapulver edelsüß
1 Zwiebel
1 Knoblauchzehe
150 g mittelgroße Champignons
einige Stängel frischer Thymian
oder ½ TL gerebelter Thymian
2 EL Olivenöl
100 g stückige Tomaten
(aus der Dose oder Tetra Pak®)
250 ml (¼ l) Geflügelbrühe (Instant)
2 rote Paprikaschoten (etwa 350 g)
75 g schwarze Oliven, mit Stein

evtl. einige Zweige Thymian

Pro Portion:
E: 54 g, F: 36 g, Kh: 7 g,
kJ: 2365, kcal: 565, BE: 0,0

Garzeit: 25–35 Minuten

1 Hähnchenfleischstücke kurz unter fließendem kalten Wasser abspülen, trocken tupfen, mit Salz, Pfeffer und Paprika würzen.

2 Zwiebel und Knoblauch abziehen, in kleine Würfel schneiden. Champignons putzen, mit Küchenpapier abreiben, eventuell abspülen, trocken tupfen und nach Belieben halbieren. Thymianstängel abspülen und trocken tupfen.

3 Olivenöl in einem Schmortopf oder Bräter erhitzen. Hähnchenstücke darin von allen Seiten knusprig braun braten, herausnehmen und beiseitelegen. Zwiebel-, Knoblauchwürfel und Champignons im verbliebenen Bratfett unter Rühren andünsten. Tomaten, Brühe und Thymian hinzugeben, zum Kochen bringen. Mit Salz und Pfeffer würzen.

4 Hähnchenfleischstücke wieder hinzugeben. Den Hähnchen-Topf zugedeckt 25–35 Minuten bei mittlerer Hitze garen.

5 In der Zwischenzeit Paprikaschoten halbieren, entstielen, entkernen und die weißen Scheidewände entfernen. Schotenhälften waschen, abtropfen lassen und in grobe Würfel schneiden. Oliven abtropfen lassen.

6 Paprikawürfel etwa 10 Minuten und die Oliven etwa 5 Minuten vor Ende der Garzeit zum Hähnchen-Topf geben und zugedeckt fertig garen. Die Sauce nochmals mit Salz und Pfeffer abschmecken.

7 Den Olivenhähnchen-Topf auf Tellern anrichten und nach Belieben mit abgespülten und trocken getupften Thymianzweigen garniert servieren.

Beilage: Röstkartoffeln, Weizenbrot, Reis, Polenta oder Couscous.

TIPPS: Kinder lieben es knusprig. Deshalb eventuell die Hähnchenstücke vor dem Servieren dünn mit Honig bestreichen und in einer Auflaufform unter dem vorgeheizten Backofengrill oder bei Oberhitze-/Unterhitze: etwa 250 °C noch einmal kurz knusprig nachbräunen (Vorsicht, verbrennt schnell!). Für eine komplett im Schmortopf oder Bräter zubereitete Mahlzeit einfach Kartoffelspalten gleich mitgaren. Dafür 600 g mittelgroße, festkochende Kartoffeln waschen, schälen, abspülen, abtropfen lassen und in grobe Spalten schneiden. Kartoffelspalten mit den Zwiebel-, Knoblauchwürfeln und Champignons andünsten oder anbraten. Dann wie im Rezept beschrieben weiter verfahren, eventuell etwas mehr Brühe hinzugeben.

20
MINUTEN

Falls kleinere Kinder mitessen, eventuell nur 1 Hähnchenbrust mit Knochen und 2 Hähnchenkeulen verwenden. Für die Kinder dann das geschmorte Hähnchenfleisch von den Knochen lösen und in Stücke geschnitten mit der Sauce servieren.

Sollten noch Reste übrig bleiben: Das Hähnchenfleisch von Haut und Knochen lösen, in Stücke schneiden und mit der restlichen Sauce, eventuell noch 1 vorbereiteten, zerkleinerten Paprikaschote und 1 Dose abgetropften Gemüse-Mais-Mix etwa 8 Minuten in einem Topf schmoren. Mit Reis oder Nudeln serviert, wird daraus nochmals eine komplette Mahlzeit.

35 MINUTEN

Kohlrabi-Lachs-Lasagne

Etwas Besonderes (4 Portionen)

Zutaten

- 2 mittelgroße Kohlrabi
- 1 Zwiebel
- 2 EL Butter oder Margarine
- Salz, frisch gemahlener Pfeffer
- frisch gemahlene Muskatnuss
- 300 ml Gemüsebrühe (Instant)
- 200 ml Milch
- 100 g Schlagsahne
- 2 EL Weizenmehl
- ½ Bund glatte Petersilie
- 75 g frisch geriebener Gouda-Käse
- 600 g Lachsfilet (ohne Haut)
- 8–10 Lasagneplatten (weiß oder grün)
- 1 große Fleischtomate
- 125 g Crème fraîche
- 3 EL frisch geriebener Parmesan-Käse

Pro Portion:
E: 46 g, F: 47 g, Kh: 37 g,
kJ: 3178, kcal: 761, BE: 3,0

Zubereitungszeit: 35 Minuten, ohne Garzeit
Garzeit: etwa 50 Minuten

1 Kohlrabi putzen, schälen, abspülen, abtropfen lassen (etwas von dem feinen Grün beiseitelegen). Kohlrabi zuerst in Scheiben, dann in sehr feine Stifte schneiden. Zwiebel abziehen und klein würfeln.

2 Butter oder Margarine in einem Topf zerlassen. Zwiebelwürfel und Kohlrabistifte darin unter Rühren andünsten. Mit Salz, Pfeffer und Muskat würzen. Brühe und Milch hinzugießen, zum Kochen bringen. Kohlrabistifte zugedeckt 3–5 Minuten bei schwacher Hitze garen.

3 Sahne mit Mehl anrühren, unter vorsichtigem Rühren unter die Kohlrabistifte rühren und weitere etwa 2 Minuten bei schwacher Hitze kochen lassen.

4 Den Backofen vorheizen.
Ober-/Unterhitze: etwa 180 °C
Heißluft: etwa 160 °C

5 Petersilie abspülen und trocken tupfen. Die Blättchen von den Stängeln zupfen. Blättchen klein schneiden. Beiseitegelegtes Kohlrabigrün ebenfalls klein schneiden. Geriebenen Käse, Petersilie und Kohlrabigrün unter die Kohlrabisauce rühren.

6 Lachsfilet kurz unter fließendem kalten Wasser abspülen, trocken tupfen und in Streifen schneiden. Etwas von der Kohlrabisauce in einer Lasagne- oder Auflaufform verteilen. 2–3 Lasagneplatten darauflegen. Lachstreifen und die Kohlrabisauce abwechselnd in die Form schichten, bis alle Zutaten aufgebraucht sind. Die letzte Schicht sollte aus Lasagneplatten bestehen.

7 Tomate waschen, trocken tupfen und den Stängelansatz herausschneiden. Tomate in Scheiben schneiden und auf den Lasagneplatten verteilen. Crème fraîche mit dem Parmesan-Käse verrühren und auf den Lasagneplatten verteilen. Die Form auf dem Rost in den vorgeheizten Backofen schieben. Die Lasagne etwa 50 Minuten garen, eventuell kurz vor Ende der Garzeit mit Alufolie zudecken.

35 MINUTEN

TIPP: Das Gericht können Sie als festliches Familienessen auch am Tag zuvor vorbereiten und in etwa 30 Minuten bei der oben angegebenen Backofentemperatur fast fertig garen. Dann die Lasagne schnell erkalten lassen und zugedeckt in den Kühlschrank stellen. Zum Servieren die Lasagne mit Alufolie zudecken und im vorgeheizten Backofen (Ober-/Unterhitze: etwa 200 °C, Heißluft: etwa 180 °C) etwa 30 Minuten erhitzen.

Exotischer Puten-Reis-Auflauf

Raffiniert (4 Portionen)

Zutaten
400 g Putenbrustfilet
1 EL Speiseöl, z. B. Sonnenblumenöl
Salz, frisch gemahlener Pfeffer
Currypulver
1 kg Brokkoli
500 ml (½ l) Gemüsebrühe (Instant)
200 g Langkornreis
Salzwasser
1 kleine Dose Aprikosenhälften
(Abtropfgewicht 250 g)

Für den Guss:
150 ml Aprikosensaft (aus der Dose)
400 ml Brühe (von dem Brokkoli)
1 EL Weizenmehl
100 g Schlagsahne
Currypulver
100 g frisch geriebener Käse, z. B. Gouda

Pro Portion:
E: 41 g, F: 19 g, Kh: 61 g,
kJ: 2500, kcal: 597, BE: 5,0

Zubereitungszeit: 35 Minuten, ohne Garzeit
Garzeit: etwa 30 Minuten

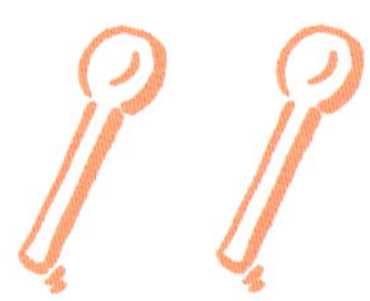

1 Putenbrustfilet unter fließendem kalten Wasser abspülen, trocken tupfen und in Streifen schneiden. Speiseöl in einer Pfanne erhitzen. Filetstreifen darin von allen Seiten anbraten. Mit Salz, Pfeffer und Curry würzen. Filetstreifen herausnehmen und beiseitestellen. Die Pfanne mit dem verbliebenen Bratfett ebenfalls beiseitestellen.

2 Von dem Brokkoli die Blätter entfernen. Die Röschen vom Strunk schneiden. Den Strunk schälen und in Stücke schneiden. Brokkolistücke und -röschen waschen, abtropfen lassen. Gemüsebrühe in einem Topf zum Kochen bringen. Brokkolistücke und -röschen darin in etwa 5 Minuten bissfest garen, in ein Sieb geben und abtropfen lassen, dabei die Brokkolibrühe auffangen und 400 ml abmessen.

3 Den Backofen vorheizen.
Ober-/Unterhitze: etwa 180 °C
Heißluft: etwa 160 °C

4 Reis in kochendem Salzwasser etwa 8 Minuten vorgaren, in ein Sieb geben und abtropfen lassen. Aprikosenhälften ebenfalls in einem Sieb abtropfen lassen, dabei den Saft auffangen und 150 ml abmessen. Die Aprikosenhälften nochmals halbieren.

5 Für den Guss Aprikosensaft und Brokkolibrühe zum beiseitegestellten Bratfett in die Pfanne geben und aufkochen lassen. Mehl mit Sahne anrühren, in die Sauce rühren, unter Rühren aufkochen und etwa 2 Minuten kochen lassen. Die Sauce mit Salz, Pfeffer und Curry abschmecken. Die Hälfte des Käses unterrühren.

6 Die vorbereiteten Zutaten in eine große, flache Auflaufform geben. Die Sauce darauf verteilen und mit dem restlichen Käse bestreuen. Die Form ohne Deckel auf dem Rost in den vorgeheizten Backofen schieben. Den Auflauf etwa 30 Minuten garen.

TIPPS: Die fruchtige Mischung aus Gemüse und Aprikosen kommt bei Ihrer Familie nicht so gut an? Dann einfach die Aprikosenhälften weglassen und dafür Tomatenwürfel von 2 großen Fleischtomaten mit einschichten. Für die Sauce dann 150 ml Brokkolibrühe oder Schlagsahne mehr verwenden.
Für dieses Gericht können Sie auch prima auf bereits vorgegarten Reis (Vakuumpackung) oder eine übrig gebliebene, eingefrorene Reisportion zurückgreifen.

35
MINUTEN

30 MINUTEN

Lasagne-Variationen

Klassisch (5–6 Portionen)

Zutaten
2 Zwiebeln
1 Knoblauchzehe
2 EL Olivenöl
300 g Rinderhackfleisch
2 Pck. stückige Tomaten
(je 370 g, aus dem Tetra Pak®)
125 ml (⅛ l) Gemüse- oder Fleischbrühe
1 EL Tomatenmark
1 Lorbeerblatt
½ EL gehacktes Basilikum
Salz, frisch gemahlener Pfeffer

Für die Béchamelsauce:
30 g Butter oder Margarine
25 g Weizenmehl
300 ml Milch
200 ml Gemüse- oder Fleischbrühe (Instant)
175 g geriebener, mittelalter Gouda-Käse
Salz, frisch gemahlener Pfeffer
frisch geriebene Muskatnuss

Außerdem:
12 Lasagneplatten (knapp 250 g), ohne Vorgaren

Zubereitungszeit: 30 Minuten, ohne Garzeit
Garzeit: etwa 45 Minuten

Pro Portion:
E: 28 g, F: 29 g, Kh: 45 g,
kJ: 2316, kcal: 553, BE: 3,5

1 Für die Bolognesersauce Zwiebeln und Knoblauch abziehen, in kleine Würfel schneiden. Olivenöl in einem Topf erhitzen. Hackfleisch darin unter Rühren bei mittlerer Hitze anbraten. Dabei die Fleischklümpchen mit einer Gabel zerdrücken. Zwiebel- und Knoblauchwürfel hinzugeben, mit andünsten.

2 Stückige Tomaten, Brühe, Tomatenmark, Lorbeerblatt und Basilikum zum angebratenen Hackfleisch in die Pfanne geben, zum Kochen bringen und etwa 5 Minuten kochen lassen. Mit Salz und Pfeffer abschmecken. Lorbeerblatt entfernen.

3 Den Backofen vorheizen.
Ober-/Unterhitze: etwa 200 °C
Heißluft: etwa 180 °C

4 Für die Béchamelsauce Butter oder Margarine in einem Topf zerlassen. Mehl darin unter Rühren so lange erhitzen, bis es hellgelb ist. Nach und nach Milch und Brühe hinzugießen, mit einem Schneebesen durchschlagen. Dabei darauf achten, dass keine Klümpchen entstehen. Die Sauce unter Rühren aufkochen lassen. Ein Drittel des Käses unterrühren. Die Sauce mit Salz, Pfeffer und Muskat kräftig würzen.

5 Etwas von der Bolognesersauce auf dem Boden einer eckigen Auflaufform (mit Butter gefettet) verteilen und mit Lasagneplatten belegen, dann wieder etwas von der Bolognesersauce daraufgeben, etwas Béchamelsauce darauf verteilen. Mit jeder Schicht so weiter verfahren, dass 3–4 Lasagneschichten entstehen. Etwas Béchamelsauce abnehmen und auf die oberste Lasagneschicht streichen. Mit restlichem Käse bestreuen.

6 Die Form mit Deckel auf dem Rost in den vorgeheizten Backofen schieben. Die Lasagne etwa 45 Minuten garen.

7 Nach etwa 30 Minuten Garzeit den Deckel abnehmen und die Lasagne überbacken. Die Lasagne zum Servieren in Stücke teilen.

30 MINUTEN

VARIANTE 1:

Spinat-Schafkäse-Lasagne (5–6 Portionen): Dafür 3 Zwiebeln mit 3 Knoblauchzehen (beides gewürfelt) in 4 Esslöffeln Olivenöl andünsten. 600 g TK-Blattspinat und 3 Esslöffel Wasser hinzugeben. Den Spinat so lange dünsten, bis er aufgetaut ist. Spinat mit Salz, Pfeffer und Muskat würzen. Eine Béchamelsauce aus 50 g Butter, 50 g Weizenmehl, je 750 ml (¾ l) Milch und Gemüsebrühe (wie unter Punkt 4 beschrieben) herstellen. Mit Salz, Pfeffer und Muskat abschmecken. 300 g Schafkäse zerbröseln. Die vorbereiteten Zutaten in eine Auflaufform (gefettet) schichten. Dafür mit der Béchamelsauce beginnen. Anschließend Lasagneplatten, Spinat und Schafkäse einschichten. So weiter verfahren, dass 4 Lasagneschichten entstehen. Mit restlicher Béchamelsauce bestreichen. Mit 100 g geriebenem Gratin-Käse bestreuen. Die Form auf dem Rost in den vorgeheizten Backofen schieben. Lasagne bei der oben angegebenen Backofeneinstellung etwa 35 Minuten garen.

VARIANTE 2:

Gemüse-Käse-Lasagne (5–6 Portionen) 450 g TK-Erbsen antauen lassen. 1 Dose Gemüsemais (Abtropfgewicht 280 g) abtropfen lassen. 3 enthäutete Tomaten vierteln, entkernen und Stängelansätze herausschneiden. Tomatenviertel in Würfel schneiden. Eine Béchamelsauce aus 60 g Butter, 50 g Weizenmehl, 300 ml heißer Gemüsebrühe, 500 ml (½ l) Milch und 250 g Schlagsahne (wie unter Punkt 4 beschrieben) zubereiten. 100 g geriebenen Gouda-Käse in der Sauce schmelzen lassen. Käse-Béchamel-Sauce mit 2–3 Teelöffeln Instant-Gemüsebrühe und Gewürzen abschmecken. Ein Drittel der Sauce beiseitestellen. Erbsen, Mais und Tomatenwürfel in die restliche Sauce geben, kurz erhitzen und abschmecken. Etwas von der Gemüsesauce in eine Auflaufform (gefettet) geben und mit Lasagneplatten belegen. Wieder etwas Gemüsesauce darauf verteilen. So weiter verfahren, dass 4 Lasagneschichten entstehen. Beiseitegestellte Käse-Béchamel-Sauce daraufgeben und mit 100 g geriebenem Gouda-Käse bestreuen. Die Form auf dem Rost in den vorgeheizten Backofen schieben. Lasagne bei der oben angegebenen Backofeneinstellung etwa 35 Minuten garen.

25 MINUTEN

Rahmschnitzel mit Zwiebel-Kräuter-Kruste

Raffiniert (4 Portionen)

Zutaten
4 Putenschnitzel (je etwa 150 g)
1–2 EL Speiseöl, z. B. Sonnenblumenöl
Salz
frisch gemahlener Pfeffer
400 g Champignons
100 g Schlagsahne
75 g Röstzwiebeln (Fertigprodukt)
je 3 Zweige frischer Majoran und Thymian oder
jeweils ½ TL gerebelter Majoran oder Thymian
3 EL Semmelbrösel
150 g geraspelter Gratin-Käse

Pro Portion:
E: 52 g, F: 31 g, Kh: 17 g,
kJ: 2350, kcal: 562, BE: 1,5

Zubereitungszeit: 25 Minuten, ohne Garzeit
Garzeit: etwa 20 Minuten

1 Putenschnitzel kurz unter fließendem kalten Wasser abspülen und trocken tupfen. Speiseöl in einer großen Pfanne erhitzen. Putenschnitzel darin von beiden Seiten kurz anbraten. Mit Salz und Pfeffer würzen. Putenschnitzel in einer großen Auflaufform verteilen.

2 Den Backofen vorheizen.
Ober-/Unterhitze: etwa 200 °C
Heißluft: etwa 180 °C

3 Champignons putzen, mit Küchenpapier abreiben, eventuell abspülen, trocken tupfen und in Scheiben schneiden. Champignonscheiben in dem verbliebenen Bratfett unter Rühren kurz andünsten. Mit Salz und Pfeffer würzen. Sahne und 2–3 Esslöffel Wasser hinzugießen, unter Rühren aufkochen lassen. Die Champignonmasse auf den Putenschnitzeln verteilen und mit Röstzwiebeln bestreuen.

4 Majoran und Thymian abspülen und trocken tupfen. Die Blättchen von den Stängeln zupfen. Majoran, Thymian und Semmelbröseln mit dem geraspelten Käse mischen und auf den Putenschnitzeln verteilen. Die Form auf dem Rost in den vorgeheizten Backofen schieben. Die Rahmschnitzel etwa 20 Minuten garen.

5 Die Rahmschnitzel nach etwa 15 Minuten Garzeit mit Alufolie zudecken, damit die Kräuterkruste nicht zu dunkel wird.

Beilage: Spätzle oder ofenfrisches Baguette.

TIPPS: Wenn es ganz schnell gehen soll, verwenden Sie 2 kleine Dosen abgetropfte Champignonscheiben (Abtropfgewicht je 170 g). Für die Sauce 1 Tüte Zwiebelsuppe (für 3–4 Teller, für 500 ml [½ l] Flüssigkeit) mit 200 g Schlagsahne und 300 ml Wasser verrühren und auf den Putenschnitzeln verteilen.
Auch wenn es Ihnen etwas viel Sauce und Käsekruste erscheint – Kinder lieben es, z. B. Spätzle mit reichlich Sauce auf dem Teller zu haben und vor allem knusprig überbackenen Käse. Gönnen Sie Ihren Kindern ab und zu einmal den Genuss-Spaß. Als kalorienleichtes Gegengewicht die Rahmschnitzel mit einem fettarm marinierten, grünen Salat und Reis servieren. Oder zum Dessert nur Früchte reichen.

25 MINUTEN

30 MINUTEN

Bunter Nudelauflauf mit Schinken

Für Kinder – einfach (4 Portionen)

Zutaten
2 ½ l Wasser
2 ½ gestr. TL Salz
250 g Nudeln, z. B. Hörnchen, Hütchen oder Penne

250 ml (¼ l) Fleisch- oder Gemüsebrühe
300 g Italienisches TK-Pfannengemüse
2 Fleischtomaten
200 g Kochschinken
125 ml (⅛ l) Milch, 3 Eier (Größe M)
Salz, frisch gemahlener Pfeffer
100 g geriebener Mozzarella-Käse

Pro Portion:
E: 32 g, F: 20 g, Kh: 50 g,
kJ: 2156, kcal: 515, BE: 3,5

Zubereitungszeit: 30 Minuten, ohne Garzeit
Garzeit: etwa 45 Minuten

1 Wasser in einem großen Topf mit geschlossenem Deckel zum Kochen bringen. Dann Salz und Nudeln hinzugeben. Die Nudeln im geöffneten Topf bei mittlerer Hitze nach Packungsanleitung kochen lassen, dabei zwischendurch 4–5-mal umrühren.

2 Anschließend die Nudeln in ein Sieb geben, mit heißem Wasser abspülen, abtropfen lassen.

3 Den Backofen vorheizen.
Ober-/Unterhitze: etwa 180 °C
Heißluft: etwa 160 °C

4 Brühe in einem Topf zum Kochen bringen. Pfannengemüse hinzugeben und etwa 2 Minuten kochen lassen.

5 Tomaten waschen, abtropfen lassen, kreuzweise einschneiden, kurz in kochendes Wasser legen, in kaltem Wasser abschrecken. Tomaten enthäuten, halbieren, entkernen, Stängelansätze herausschneiden. Tomaten in Würfel schneiden. Schinken ebenfalls würfeln.

6 Milch mit Eiern in einer großen Schüssel verschlagen, mit Salz und Pfeffer würzen. Tomaten-, Schinkenwürfel und das Pfannengemüse mit der Brühe untermischen.

7 Die Schinken-Gemüse-Masse abwechselnd mit den Nudeln in eine flache, große Auflaufform (gefettet) geben und mit Käse bestreuen.

8 Die Form auf dem Rost in den vorgeheizten Backofen schieben. Den Auflauf etwa 45 Minuten garen.

TIPPS: Dieser absolute Lieblings-Auflauf-Klassiker lässt sich bestens vorbereiten. Wenn die Familie leider nicht immer gemeinsam zum Mittagstisch erscheint, lässt sich das Gericht dann portionsweise in der Mikrowelle erhitzen. Bei der Auswahl des TK-Gemüses können Sie gerne variieren. Auch mit der gleichen Menge purem TK-Gemüse (z. B. Brokkoli, Blumenkohlröschen usw.) schmeckt der Auflauf lecker. Falls mal etwas mehr Zeit vorhanden ist und Sie frisches Gemüse verwenden möchten, benötigen Sie für diesen Auflauf etwa 500 g ungeputztes Gemüse Ihrer Wahl. Frisches Gemüse (z. B. Brokkoli, Blumenkohl, Paprika, Wirsing o. ä.) putzen, waschen, abtropfen lassen und etwa 5 Minuten in der Brühe vorgaren.
Wenn Papa oder die Söhne nach mehr Fleisch verlangen: Statt Schinkenstreifen 300–400 g fertig gekaufte kleine Hackbällchen mit in den Auflauf schichten oder ungebrühte feine Bratwurst in Bällchen aus den Hüllen drücken, kurz in einer beschichteten Pfanne anbraten und ebenfalls einschichten. Alle, die Milch nicht so gut vertragen, ersetzen diese durch ungesüßte Sojacreme. Mit hellen Vollkornnudeln zubereitet, liefert der Auflauf zusätzlich gesunde Ballaststoffe und Mineralien.

30
MINUTEN

25 MINUTEN

Schmorgurken mit Feta-Reis-Füllung

Beliebt (4 Portionen)

Zutaten
175 g Langkornreis
Salzwasser
200 g Feta-Käse
etwa 130 g getrocknete Tomaten in Öl
6 Stängel Basilikum
frisch gemahlener Pfeffer
2 mittelgroße Schmorgurken (etwa 800 g)
3 große Fleischtomaten
2 Knoblauchzehen
2 EL Olivenöl
2 EL Kapern (aus dem Glas)
1–2 EL Balsamico-Essig
1 EL flüssiger Honig, Salz
1 Prise gemahlener Piment
100 ml Gemüsebrühe (Instant)

einige vorbereitete Basilikumstreifen

Pro Portion:
E: 17 g, F: 21 g, Kh: 53 g,
kJ: 2004, kcal: 478, BE: 4,0

Zubereitungszeit: 25 Minuten, ohne Garzeit
Garzeit: etwa 40 Minuten

1 Langkornreis in kochendem Salzwasser nach Packungsanleitung etwa 18 Minuten quellen lassen.

2 In der Zwischenzeit Feta-Käse in kleine Würfel schneiden. Getrocknete Tomaten abtropfen lassen, dabei das Öl auffangen. 1–2 Esslöffel des Tomatenöls mit den Käsewürfeln mischen.

3 Den gegarten Reis in einem Sieb abtropfen lassen und mit der Feta-Käse-Masse mischen. Getrocknete Tomaten in feine Streifen schneiden und unterheben.

4 Basilikum abspülen und trocken tupfen. Die Blättchen von den Stängeln zupfen. Blättchen in Streifen schneiden. Die Hälfte der Basilikumstreifen unter die Reis-Käse-Masse heben. Mit Pfeffer abschmecken.

5 Schmorgurken schälen und der Länge nach halbieren. Die Kerne mit einem Löffel herausschaben. Die Gurkenhälften in eine große Auflaufform setzen. Die Reis-Käse-Masse darauf verteilen.

6 Den Backofen vorheizen.
Ober-/Unterhitze: etwa 200 °C
Heißluft: etwa 180 °C

7 Fleischtomaten waschen, trocken tupfen, halbieren und die Stängelansätze herausschneiden. Tomatenhälften grob würfeln. Knoblauch abziehen und in kleine Würfel schneiden.

8 Olivenöl in einer Pfanne erhitzen. Tomaten- und Knoblauchwürfel darin unter Rühren etwa 5 Minuten dünsten. Kapern abtropfen lassen und hinzugeben. Mit Balsamico-Essig, Honig, Salz, Piment und Pfeffer pikant würzen. Restliche Basilikumstreifen unterrühren.

9 Tomatensugo um die Gurkenhälften herum verteilen, Brühe hinzugießen. Die Form mit Alufolie zudecken und auf dem Rost in den vorgeheizten Backofen schieben. Die Schmorgurken etwa 40 Minuten garen.

10 Die Auflaufform aus dem Backofen nehmen. Die Schmorgurken mit dem Tomatensugo anrichten. Nach Belieben die Feta-Reis-Füllung zusätzlich mit Basilikumstreifen bestreuen.

25 MINUTEN

TIPPS: Wenn Ihre Kinder gerne Nudeln mit Tomatensauce essen, bereiten Sie doch gleich die doppelte oder dreifache Menge des Sugos zu. Am nächsten Tag nur schnell ein paar Nudeln kochen und schon steht die Mahlzeit auf dem Tisch.

Das fertige Gericht bzw. Reste lassen sich prima einfrieren. Daraus wird dann wieder eine komplette Mahlzeit, wenn Sie 1 gewürfelte Zwiebel und 300 g mageres Hackfleisch (halb Rind-/halb Schweinefleisch) in einer Pfanne mit 1 Esslöffel Speiseöl anbraten. 200 g stückige Tomaten (aus Dose oder Tetra Pak®) hinzugeben und mit dem übrig gebliebenen Gericht kräftig durchschmoren. Eventuell noch frisch gekochten Reis dazu servieren oder ofenfrisches Baguette dazureichen.

20 MINUTEN

Mozzarella-Pfanne

Raffiniert (4 Portionen)

Zutaten

4 große Kartoffeln (etwa 600 g)
1 Zwiebel
3 EL Olivenöl
Salz
frisch gemahlener Pfeffer
einige Stängel frischer
oder ½ TL gerebelter Thymian
2 mittelgroße Zucchini (etwa 350 g)
1 ½ Mozzarella-Kugeln (je Kugel 125 g)
oder 200 g Mini-Mozzarella-Kugeln
200 g Cocktailtomaten

Pro Portion:
E: 13 g, F: 17 g, Kh: 21 g,
kJ: 1248, kcal: 298, BE: 1,5

Garzeit: etwa 20 Minuten

1 Kartoffeln waschen, schälen, abspülen und abtropfen lassen. Kartoffeln in Scheiben oder Spalten schneiden. Zwiebel abziehen, zuerst in Scheiben schneiden, dann in Ringe teilen.

2 Olivenöl in einer großen Pfanne erhitzen. Kartoffelscheiben oder -spalten mit den Zwiebelwürfeln hinzugeben und unter Wenden anbraten. Mit Salz und Pfeffer würzen. Thymianstängel abspülen und trocken tupfen.

3 Thymian und etwa 8 Esslöffel Wasser zu den Kartoffelscheiben oder -spalten geben und zugedeckt etwa 10 Minuten bei mittlerer Hitze garen. Dabei gelegentlich wenden, eventuell noch etwas Wasser hinzufügen.

4 Zucchini waschen, abtrocknen und die Enden abschneiden. Zucchini in Scheiben schneiden. Zucchinischeiben zu den Kartoffelscheiben oder -spalten geben und weitere etwa 5 Minuten ohne Deckel unter Wenden braten.

5 Mozzarella-Kugeln abtropfen lassen, in kleine Stücke schneiden oder Mini-Mozzarella-Kugeln halbieren. Tomaten waschen, trocken tupfen, eventuell halbieren und die Stängelansätze herausschneiden. Tomaten und Mozzarellastücke auf die Kartoffelscheiben oder -spalten in die Pfanne setzen. Den Deckel darauflegen. Die Mozzarella-Pfanne noch etwa 3 Minuten bei ausgeschalteter Kochstelle ziehen lassen. Nochmals mit Salz und Pfeffer abschmecken.

TIPPS: Ganz pikant: Statt Mozzarella 4 Scheiben kräftigen Ziegenkäse auf die Kartoffelscheiben oder -spalten setzen und erwärmen. Für Fleisch-Fans oder falls Papa großen Hunger hat: Fertig gekaufte Mini-Frikadellen oder zusätzlich kleine Rinder- oder Putensteaks braten und mit der Mozzarella-Pfanne servieren.

35 MINUTEN

Italienischer Gemüseauflauf

Einfach (4 Portionen)

Zutaten
2 gelbe Paprikaschoten (etwa 450 g)
2 rote Paprikaschoten (etwa 450 g)
4 mittelgroße Zucchini (etwa 500 g)
1 Knoblauchzehe
1 Bund Basilikum
200 g Mozzarella
50 g schwarze Oliven
Salz, frisch gemahlener Pfeffer
6 EL Sojaöl

Pro Portion:
E: 13 g, F: 31 g, Kh: 12 g,
kJ: 1615, kcal: 386, BE: 0

Zubereitungszeit: 35 Minuten, ohne Garzeit
Garzeit: 25–30 Minuten

1 Den Backofen vorheizen.
Ober-/Unterhitze: etwa 220 °C
Heißluft: etwa 200 °C

2 Paprikaschoten halbieren, entstielen, entkernen und die weißen Scheidewände entfernen. Schotenhälften waschen, trocken tupfen und nebeneinander mit der Wölbung nach oben auf ein Backblech (gefettet) legen. Das Backblech in den vorgeheizten Backofen schieben. Die Schotenhälften so lange rösten, bis die Haut Blasen wirft (etwa 10 Minuten).

3 Das Backblech aus dem Backofen nehmen. Schotenhälften sofort mit einem feuchten Geschirrtuch zudecken und abkühlen lassen. Die Haut abziehen. Die Schotenhälften in grobe Streifen schneiden.

4 Zucchini waschen, abtrocknen und die Enden abschneiden. Zucchini in Scheiben schneiden. Knoblauch abziehen und klein würfeln. Basilikum abspülen und trocken tupfen. Die Blättchen von den Stängeln zupfen. Blättchen in Streifen schneiden. Mozzarella abtropfen lassen und in Scheiben schneiden.

5 Paprikastreifen, Mozzarella-, Zucchinischeiben und abgetropfte Oliven nach Belieben dachziegelartig in eine Auflaufform (gefettet) schichten. Mit Salz und Pfeffer würzen.

6 Sojaöl mit Knoblauchwürfeln und Basilikumstreifen verrühren, auf den Auflauf träufeln. Die Form auf dem Rost in den vorgeheizten Backofen schieben. Den Auflauf 25–30 Minuten garen.

TIPPS: Servieren Sie den Gemüseauflauf z. B. mit Stangenweißbrot. Oder garen Sie Kartoffelhälften im Backofen gleich mit und servieren beides mit einer fertig gekauften Knoblauch-Quark-Creme. Statt Mozzarella können Sie auch anderen Käse, z. B. Gouda, milden Ziegenkäse oder Feta verwenden.
Für alle, die auf Fleisch nicht verzichten möchten, gibt es dazu gebratene Lammmedaillons, Koteletts oder Hähnchenfilet.

35 MINUTEN

Überbackene griechische Pfannkuchenröllchen

Etwas aufwendiger (4 Portionen)

Zutaten
250 g Weizenmehl
3 Eier (Größe M)
250 ml (¼ l) Milch
½ Tasse Mineralwasser
Salz

2 EL Speiseöl, z. B. Olivenöl

Für die Füllung:
600 g Spinat oder 300 g TK-Spinat
1 Knoblauchzehe
1 TL Butter oder Margarine
Salz, frisch gemahlener Pfeffer
frisch gemahlene Muskatnuss

1 Glas geröstete Paprikahälften (Abtropfgewicht 450 g)
200 g milder Schafkäse
150 g Crème fraîche
2 Eigelb (Größe M)

1–2 EL gehackte Kräuter, z. B. glatte Petersilie, Kerbel, Schnittlauch

Pro Portion:
E: 29 g, F: 38 g, Kh: 53 g, kJ: 2823, kcal: 676, BE: 4,0

Zubereitungszeit: 60 Minuten, ohne Ruhezeit
Garzeit: etwa 20 Minuten

1 Für den Teig Mehl in eine Rührschüssel geben und in die Mitte eine Vertiefung drücken. Eier mit Milch, Mineralwasser und 1 Teelöffel Salz verschlagen. Etwas davon in die Vertiefung geben. Von der Mitte aus Eierflüssigkeit und Mehl verrühren. Nach und nach die restliche Eierflüssigkeit hinzugeben. Dabei darauf achten, dass keine Klümpchen entstehen. Den Teig etwa 10 Minuten ruhen lassen.

2 Etwas Speiseöl in einer Pfanne erhitzen. Eine dünne Teiglage mit einer drehenden Bewegung gleichmäßig auf dem Boden der Pfanne verteilen. Sobald die Ränder goldgelb sind, den Pfannkuchen vorsichtig mit einem Pfannenwender wenden. Die zweite Seite ebenfalls goldbraun backen. Bevor der Pfannkuchen gewendet wird, wieder etwas Speiseöl in die Pfanne geben. Aus dem Teig 6–8 sehr dünne Pfannkuchen backen und warm stellen.

3 Den Backofen vorheizen.
Ober-/Unterhitze: etwa 180 °C
Umluft: etwa 160 °C

4 Für die Füllung Spinat verlesen, gründlich waschen, gut abtropfen lassen. Knoblauch abziehen, würfeln. Butter oder Margarine zerlassen. Knoblauchwürfel mit dem Spinat darin unter Rühren andünsten, bis der Spinat zusammenfällt. Mit Salz, Pfeffer und Muskat würzen. Den Spinat gut abtropfen lassen, dabei die Flüssigkeit auffangen.

5 Paprikahälften abtropfen lassen. Schafkäse zerbröseln, kräftig mit Pfeffer würzen.

6 Die Pfannkuchen ausbreiten. Die Hälfte der Pfannkuchen mit Spinat und der Hälfte des Schafkäses, die restlichen Pfannkuchen mit Paprikahälften und restlichem Schafkäse belegen. Die Pfannkuchen aufrollen, nebeneinander in eine große Auflaufform setzen.

7 Die aufgefangene Spinatflüssigkeit mit Crème fraîche und Eigelb verschlagen. Mit Salz und Pfeffer würzen, auf die Pfannkuchen träufeln. Die Form auf dem Rost in den vorgeheizten Backofen schieben. Pfannkuchenröllchen etwa 20 Minuten garen und mit gehackten Kräutern bestreut servieren.

TIPPS: Bereiten Sie gleich die doppelte Menge Pfannkuchen zu. Die Pfannkuchen am nächsten Tag (Sie können die Pfannkuchen aber auch mit Butterbrotpapier eingeschichtet auf Vorrat einfrieren) mit etwas Vanilla-Frischkäse-Creme (aus dem Kühlregal) bestreichen, mit halbierten Bananen belegen und aufrollen. Die Röllchen in einer Pfanne mit etwas zerlassener Butter von allen Seiten braun braten, herausnehmen und warm servieren.

Mit einer leichten klaren Suppe oder einem Rohkostsalat vorweg, haben Sie schnell ein preiswertes Familienessen auf dem Tisch.

Für Leckermäuler, oder als kleine Überraschungs-Belohnung kann auch mal etwas Nuss-Nougat-Creme auf die Pfannkuchen gestrichen werden.

25 MINUTEN

Ricottaklößchen mit Spinat

Raffiniert (4 Portionen)

Zutaten
1 kg frischer Spinat
Salzwasser
300 g Ricotta (italienischer Frischkäse)
1 Ei (Größe M)
50 g frisch geriebener Parmesan-Käse
Salz
frisch geriebene Muskatnuss

250 g Béchamelsauce (Tetra Pak®)
1 Dose Pizza-Tomaten (Einwaage 400 g)
frisch gemahlener Pfeffer
1 Prise Zucker

Pro Portion:
E: 20 g, F: 31 g, Kh: 6 g,
kJ: 1641, kcal: 394, BE: 0

Zubereitungszeit: 25 Minuten, ohne Gratinierzeit
Gratinierzeit: 5–10 Minuten

1 Spinat verlesen und dicke Stiele entfernen. Spinat gründlich waschen, abtropfen lassen und in kochendem Salzwasser kurz blanchieren, bis er zusammengefallen ist. Spinat in einem Sieb gut abtropfen lassen, ausdrücken und in eine Schüssel geben. Ricotta, Ei und 30 g des Parmesan-Käses hinzufügen.

2 Die Zutaten zu einem Teig verarbeiten. Mit Salz und Muskat würzen.

3 Den Backofen vorheizen.
Ober-/Unterhitze: etwa 180 °C
Heißluft: etwa 160 °C

4 Aus der Masse mit angefeuchteten Händen etwa 12 Klößchen formen und in eine große, flache Auflaufform geben. Béchamelsauce auf die Klößchen träufeln. Pizza-Tomaten mit Salz, Pfeffer und 1 Prise Zucker würzen. Pizza-Tomaten in den Zwischenräumen verteilen. Restlichen Parmesan-Käse daraufstreuen.

5 Die Form auf dem Rost in den vorgeheizten Backofen schieben. Die Ricottaklößchen 5–10 Minuten gratinieren, bis sich eine feine, braune Kruste gebildet hat.

TIPPS: Reichen Sie dazu frisches Weizen- oder Roggenbrot. Die Klößchen lassen sich prima vorbereiten und fix und fertig in die Form schichten. Wenn Ihre Familie zum Mittag- oder Abendessen dann komplett ist, brauchen die Klößchen nur noch kurz im vorgeheizten Backofen gratiniert werden. Alle, die nur glücklich sind, wenn ein Stück Fleisch auf dem Teller liegt, bekommen gebratene Hähnchenbrust oder Minutenschnitzel zu den Klößchen serviert.

25
MINUTEN

15 MINUTEN

Pizza-Risotto mit Mozzarella- und Tomatenstückchen

Raffiniert (4 Portionen)

Zutaten

1 Knoblauchzehe
1 Zwiebel
2 EL Butter oder Margarine
1–2 TL Pizzagewürz (fertige Gewürzmischung aus dem Supermarkt oder je 1 Prise gerebelter Oregano, Thymian und Rosmarin)
300 g Risottoreis
etwa 1 l heiße Gemüse- oder Geflügelbrühe (Instant)
125 g Mozzarella
2 mittelgroße Tomaten
50 g frisch geriebener Parmesan-Käse
Salz, frisch gemahlener Pfeffer
evt. etwas frisches Basilikum

Pro Portion:
E: 17 g, F: 20 g, Kh: 61 g,
kJ: 2072, kcal: 495, BE: 5,0

Garzeit: etwa 25 Minuten

1 Knoblauch und Zwiebel abziehen, in sehr kleine Würfel schneiden. Butter oder Margarine in einem Topf zerlassen. Zwiebel- und Knoblauchwürfel darin glasig dünsten. Pizzagewürz hinzufügen und kurz mit andünsten.

2 Reis hinzugeben und unter Rühren glasig dünsten. Etwas von der heißen Brühe hinzugießen. Die Brühe unter Rühren von dem Reis aufnehmen lassen. Nach und nach die gesamte heiße Brühe hinzugießen, sodass der Reis stets gerade mit der Brühe bedeckt ist. Den Reis etwa 25 Minuten bei schwacher Hitze ausquellen lassen.

3 In der Zwischenzeit Mozzarella abtropfen lassen und in kleine Würfel schneiden. Tomaten waschen, trocken tupfen, halbieren und die Stängelansätze herausschneiden. Tomatenhälften in kleine Würfel schneiden.

4 Zwei Esslöffel des Parmesan-Käses, die Tomaten- und Mozzarellawürfel unter den Risotto-Reis heben. Risotto-Reis mit Salz, Pfeffer und eventuell noch etwas Pizzagewürz abschmecken.

5 Nach Belieben Basilikum abspülen und trocken tupfen. Die Blättchen von den Stängeln zupfen. Pizza-Risotto mit dem restlichen Parmesan-Käse und Basilikumblättchen anrichten.

TIPPS: Mit reichlich Parmesan-Käse und lang anhaltend sättigenden Kohlenhydraten aus Reis ist dieses Risotto eine ausgewogene vegetarische Mahlzeit für mindestes 2 große und 2 kleine Esser. Sitzen sehr hungrige Teenager oder Fleisch-Liebhaber mit am Tisch, Pizza-Risotto eventuell mit gebratenen Minutenschnitzeln, Bratwurst oder Frikadellen anreichern. Vegetarische Alternativen sind z. B. Bratwürste aus Tofu oder Seitan oder Getreide-Bratlinge.

20 MINUTEN

Sommergemüse mit Knusperkernen

Leicht (4 Portionen)

Zutaten

2 EL Sonnenblumenkerne
1 kleiner Spitzkohl (etwa 600 g)
1 Bund Möhren
2 mittelgroße Zucchini (etwa 300 g)
2 EL Butter oder Margarine
1 EL Zucker
Salz
frisch gemahlener Pfeffer
frisch geriebene Muskatnuss
1 EL Zitronensaft
300 g Schupfnudeln (aus dem Kühlregal)
200 g saure Sahne
2 EL heller Saucenbinder

Pro Portion:
E: 11 g, F: 19 g, Kh: 45 g,
kJ: 1678, kcal: 399, BE: 3,0

Garzeit: etwa 15 Minuten

1 Sonnenblumenkerne in einer Pfanne ohne Fett unter Rühren anrösten, herausnehmen und auf einem Teller erkalten lassen.

2 Spitzkohl putzen, waschen, gut abtropfen lassen und in fingerbreite Streifen schneiden. Möhren putzen, schälen, abspülen und abtropfen lassen. Zucchini waschen, abtrocknen und die Enden abschneiden. Möhren und Zucchini in feine Stifte schneiden.

3 Jeweils etwas Butter oder Margarine in einer großen Pfanne zerlassen. Kohlstreifen, Möhren- und Zucchinistifte darin portionsweise unter Rühren andünsten. Mit Zucker, Salz, Pfeffer und Muskat würzen. Zitronensaft und etwa 4 Esslöffel Wasser hinzugeben und zum Kochen bringen. Das Gemüse zugedeckt etwa 5 Minuten bei schwacher Hitze garen, dabei gelegentlich umrühren.

4 Den Deckel abnehmen. Das Gemüse bei starker Hitze braten, bis die Flüssigkeit fast verdampft ist. Schupfnudeln hinzugeben und unter vorsichtigem Wenden anbraten. Saure Sahne mit dem Saucenbinder verrühren, unter vorsichtigem Rühren unter die Gemüse-Schupfnudel-Masse rühren und kurz aufkochen lassen.

5 Die Sommergemüse-Pfanne nochmals mit Salz, Pfeffer und Muskat abschmecken. Mit Sonnenblumenkernen bestreut sofort servieren.

TIPPS: Fleischliebhaber können zu diesem Gericht kurz gebratene Schweinemedaillons, Hähnchenfilets oder Frikadellen servieren. Wer das Gericht vegetarisch anreichern möchte, nimmt gebratenen Tofu. Wenn 2 kleinere Kinder mitessen, können Sie die Gemüse- oder Schupfnudelmenge eventuell etwas reduzieren.
Statt der Schupfnudeln können Sie auch Spätzle oder Mini-Knödel (z. B. aus der Packung) extra garen und zu dem Sommergemüse reichen.

20 MINUTEN

30 MINUTEN

Gemüse-Cheeseburger

Für Kinder – raffiniert (4 Portionen)

Zutaten

150 g gegarte Salzkartoffeln (vom Vortag)
1 Möhre (etwa 150 g)
1 Gewürzgurke (etwa 80 g)
1 Ei (Größe M)
1 geh. EL Weizenmehl
Salz, frisch gemahlener Pfeffer
evtl. 1 Prise gemahlener Piment
2 EL Speiseöl, z. B. Sonnenblumenöl
6 Hamburger-Brötchen mit Sesam
6 EL fettreduzierte Sandwich-Creme (Fertigsauce)
6 kleine Scheiben Gouda-Käse (je etwa 20 g)
6 große Salatblätter
½ Salatgurke

Pro Portion:
E: 21 g, F: 22 g, Kh: 61 g,
kJ: 2198, kcal: 526, BE: 5,0

Zubereitungszeit: 30 Minuten, ohne Gratinierzeit
Gratinierzeit: 5–8 Minuten

1 Kartoffeln auf einer groben Gemüsereibe in eine Schüssel raspeln. Möhre putzen, schälen, abspülen und abtropfen lassen. Gewürzgurke abtropfen lassen. Möhre und Gurke ebenfalls raspeln und zu den Kartoffelraspeln in die Schüssel geben. Ei, Mehl, Salz, Pfeffer und Piment hinzufügen, gut untermengen.

2 Den Backofengrill bzw. Backofen vorheizen.
Ober-/Unterhitze: etwa 220 °C
Heißluft: etwa 200 °C

3 Speiseöl in einer Pfanne erhitzen. Von dem Teig mit einem Esslöffel 6 große Teigplätzchen eventuell in 2 Portionen in die Pfanne geben und etwas glatt streichen. Die Bratlinge von einer Seite knusprig braun braten, dann mit einem Pfannenwender umdrehen und die zweite Seite weitere etwa 3 Minuten bei mittlerer Hitze braten.

4 Brötchen halbieren. Die unteren Brötchenhälften auf ein Backblech (mit Backpapier belegt) setzen und dünn mit jeweils etwas von der Sandwich-Creme bestreichen. Je einen Gemüseburger und eine Scheibe Käse darauf verteilen.

5 Das Backblech in den vorgeheizten Backofen bzw. unter den vorgeheizten Backofengrill schieben. Die Cheeseburger 5–8 Minuten goldbraun gratinieren.

6 Salatblätter und Gurke waschen und gut trocken tupfen. Gurke in Scheiben hobeln oder schneiden. Die oberen Brötchenhälften mit der restlichen Sandwich-Creme bestreichen. Die gratinierten Brötchenhälften aus dem Backofen nehmen. Mit den Salatblättern und Gurkenscheiben belegen. Die oberen Brötchenhälften darauflegen. Gemüse-Cheeseburger sofort servieren.

TIPPS: Schneiden Sie verschiedene geputzte, gewaschene und trocken getupfte Gemüsesorten, z. B. Gurken, Tomaten, Radieschen oder Möhren in Scheiben und stellen Sie verschiedene Saucen (z. B. Fertigsaucen aus dem Glas) bereit. Dann kann jeder seinen individuellen Burger zubereiten.
Wenn Sie gleich die doppelte Menge der Bratlinge zubereiten, können Sie am folgenden Tag daraus ein schnelles Gratin zubereiten. Dazu die vorgebratenen Bratlinge in einer Auflaufform verteilen. 1 große, gewaschene, trocken getupfte und in Scheiben geschnittene Fleischtomate darauflegen. 125 g Mozzarella-Scheiben oder 150 g Gratin-Käseraspel darauf verteilen. Den Käse im vorgeheizten Backofen oder unter dem vorgeheizten Backofengrill kurz schmelzen lassen. Den Auflauf mit einem Tomatensalat oder Blitz-Eisbergsalat mit fruchtigem Dressing (s. Rezept Seite 110) servieren.

30 MINUTEN

20 MINUTEN

Gurkenteller alla Mamma

Schnell (4 Portionen)

Zutaten

1 Dose Tunfisch in Sonnenblumenöl (Abtropfgewicht 130 g)
etwa 50 ml Gemüsebrühe (Instant)
3 EL Zitronensaft
Salz
frisch gemahlener Pfeffer
1 Knoblauchzehe
½ Zwiebel
5 EL Joghurt
2 mittelgroße Tomaten
1 ½ mittelgroße Salatgurken
evtl. einige frische Basilikumblättchen oder Dillspitzen

Pro Portion:
E: 9 g, F: 6 g, Kh: 6 g,
kJ: 507, kcal: 121, BE: 0,0

1 Tunfisch in einem Sieb abtropfen lassen und mit einer Gabel grob zerzupfen. Tunfisch mit Brühe, Zitronensaft, etwas Salz und Pfeffer in einen hohen Rührbecher geben und mit einem Stabmixer pürieren. Knoblauch abziehen und durch eine Knoblauchpresse drücken. Zwiebel abziehen, halbieren. Eine Zwiebelhälfte sehr klein würfeln. Knoblauch und Zwiebelwürfel zu dem Tunfischpüree geben.

2 Joghurt unterrühren, eventuell etwas Brühe hinzugeben. Die Tunfischcreme mit Salz, Pfeffer und eventuell Zitronensaft abschmecken.

3 Tomaten waschen, trocken tupfen, halbieren und die Stängelansätze herausschneiden. Tomatenhälften in kleine Würfel schneiden. Gurken (nach Belieben schälen) waschen, trocken tupfen und in feine Scheiben hobeln.

4 Vier Salatteller mit den Gurkenscheiben auslegen. Die Tunfischcreme daraufträufeln. Die Tomatenwürfel darauf verteilen. Nach Belieben Basilikumblättchen oder Dillspitzen abspülen und trocken tupfen. Die Gurkenteller damit garnieren.

TIPPS: Viele wichtige Nähr- und Mineralstoffe und nicht zuletzt auch viel Geschmack stecken in den Gurkenschalen, deshalb Gurken besser mit Schale genießen. Gurken aus Bio-Anbau sind dann die beste Wahl, trotzdem immer gut abwaschen.
Ausnahmen: Für Kinder und Erwachsene mit besonders empfindlichem Magen, heißt es in jedem Fall: schälen!
Wird der Gurkenteller mit 1–2 hart gekochten Eiern oder 200–300 g zerbröseltem, milden Schafkäse und etwas kräftigem Vollkornbrot mit Butter serviert, wird daraus rasch ein leichtes, aber sättigendes Sommer- oder unkompliziertes Abendessen.
Das macht Papa aber immer noch nicht satt?? Dann für den richtig großen Appetit Röstkartoffeln aus dem Backofen oder fertig gebackene Kartoffelecken aus der Tiefkühltruhe dazu servieren.
Ihr Kind kann sich so gar nicht für Tunfisch erwärmen? Dann einfach nur Joghurt mit Knoblauch, Salz, Pfeffer und etwas Olivenöl würzig abschmecken und auf die Gurkenscheiben träufeln.

20
MINUTEN

15
MINUTEN

Eisbergsalat mit fruchtigem Dressing

Raffiniert – schnell (4 Portionen)

Zutaten

1 kleine Dose Mandarinen ohne Zuckerzusatz (Abtropfgewicht 175 g)
250 g Vanilla-Joghurt (3,5 % Fett, Fertigprodukt aus dem Kühlregal)
3–4 EL Zitronensaft
1 mittelgroßer Eisbergsalat

Pro Portion:

E: 3 g, F: 3 g, Kh: 20 g,
kJ: 529, kcal: 127, BE: 1,5

1 Mandarinen in einem Sieb abtropfen lassen. Joghurt und Zitronensaft in eine Salatschüssel geben und mit einem Schneebesen schaumig aufschlagen.

2 Von dem Eisbergsalat die äußeren, welken Blätter entfernen. Salatblätter lösen, waschen, gut abtropfen lassen oder trocken schleudern.

3 Salatblätter in mundgerechte Stücke zupfen und zu dem Dressing in die Salatschüssel geben. Mandarinen hinzufügen. Salat und Mandarinen vorsichtig unter das Dressing mischen.

TIPPS: Auch in feine Streifen geschnittenen zarten Chinakohl können Sie mit dem fruchtigen Dressing servieren. Dazu schmeckt z. B. eine knusprig gebratene Hähnchenkeule oder ein saftiges Hähnchenbrustfilet lecker.
Wird der Salat mit Pellkartoffeln und gebratenem Fischfilet oder einfach Fischstäbchen serviert, wird daraus ein schnelles und preiswertes Familienessen, bei dem Sie auch kleine Kinder für einen knackigen Blattsalat begeistern können. Übrigens: Für kleine Kinder darf der Salat ruhig in etwas mehr Dressing „schwimmen". Den Mandarinensaft für ein Mixgetränk oder Dessert weiter verwenden.

15
MINUTEN

Bunter Wurstsalat mit Mozzarellakugeln

Raffiniert (4 Portionen)

Zutaten
300 g feine Geflügel-Fleischwurst
(im Stück oder als Aufschnittscheiben)
200 g Mini-Mozzarella-Kugeln
1 Bund Radieschen
1 Dose Gemüsemais (Abtropfgewicht 265 g)
½ Bund glatte Petersilie
1 Bund Schnittlauch
75 ml Gemüsebrühe (Instant)
4 EL Weißweinessig
1 EL mittelscharfer Senf
Salz
evtl. 1 Prise gemahlener Piment
4 EL Olivenöl

Pro Portion:
E: 22 g, F: 35 g, Kh: 11 g,
kJ: 1881, kcal: 450, BE: 1,0

Zubereitungszeit: 20 Minuten, ohne Durchziehzeit

1 Von der Fleischwurst die Pelle abziehen. Fleischwurst in feine Scheiben oder Streifen schneiden. Mozzarella-Kugeln in einem Sieb abtropfen lassen. Mozzarella-Kugeln eventuell halbieren.

2 Radieschen putzen, waschen, abtropfen lassen und in Scheiben schneiden. Mais in einem Sieb abtropfen lassen. Radieschenscheiben und Mais in eine Salatschüssel geben. Wurstscheiben oder -streifen und Mozzarellahälften hinzugeben und untermischen.

3 Petersilie und Schnittlauch abspülen und trocken tupfen. Von der Petersilie die Blättchen von den Stängeln zupfen. Blättchen klein schneiden. Schnittlauch in feine Röllchen schneiden.

4 Gemüsebrühe mit Essig, Senf, einer Prise Salz und eventuell Piment in einer Rührschüssel verrühren. Olivenöl unterschlagen. Petersilie und Schnittlauchröllchen unterrühren. Die Vinaigrette zu den Salatzutaten in die Schüssel geben und untermischen. Den Wurstsalat mit Mozzarellakugeln etwa 10 Minuten durchziehen lassen.

Beilage: Ofenfrisches Baguette, Vollkornbrot oder Laugenbrezel.

TIPPS: Für alle, die nicht so gerne Fleisch essen, können Sie die Wurst durch etwa 250 g frische Champignons ersetzen. Dafür Champignons putzen, mit Küchenpapier abreiben, eventuell kurz abspülen, trocken tupfen und nach Belieben halbieren. 2 Esslöffel Speiseöl in einer Pfanne erhitzen. Champignons darin anbraten, herausnehmen, mit etwas Zitronensaft beträufeln und zum Salat geben.
Auch lecker: Einfach fertige Käsestifte (aus dem Kühlregal) unter den Salat mischen.
Wenn Radieschen bei Ihren Kindern nicht so großen Anklang finden, dann statt der Radieschen ½ Salatgurke schälen, in Würfel schneiden und unter den Salat mischen.

40 MINUTEN

Bohnensalat mit Hackbällchen und Zaziki

Beliebt (4 Portionen)

Zutaten
1 Brötchen (Semmel) vom Vortag
1 Zwiebel
100 g Feta-Käse
300 g Gehacktes (halb Rind-/halb Schweinefleisch)
1 Ei (Größe M)
Salz
frisch gemahlener Pfeffer
1 Prise gemahlener Zimt
1–2 EL Olivenöl

500 g grüne Bohnen (Stangenbohnen)
Salzwasser
1 Dose große, weiße Bohnenkerne
(Abtropfgewicht 240 g)

Für das Dressing:
300 g Zaziki (fertige Quark-Mischung aus dem Kühlregal oder aus der Feinkost-Salattheke)
75 ml Gemüsebrühe (Instant)
2 EL Olivenöl
Cayennepfeffer

6 eingelegte milde, grüne Peperoni (aus dem Glas)
100 g schwarze Oliven, mit Stein
2 rote Zwiebeln
1 große, gelbe Paprikaschote
750 g Fleischtomaten

evtl. Basilikumblättchen
evtl. einige Zweige Thymian und Rosmarin

Pro Portion:
E: 34 g, F: 41 g, Kh: 30 g,
kJ: 2627, kcal: 626, BE: 1,5

1 Für die Hackbällchen Brötchen in kaltem Wasser einweichen. Zwiebel abziehen und klein würfeln. Feta-Käse in kleine Würfel schneiden. Gehacktes in eine Schüssel geben. Brötchen gut ausdrücken, mit dem Ei hinzufügen und gut untermengen. Mit Salz, Pfeffer und Zimt würzen. Käsewürfel kurz unterkneten. Aus der Hackfleischmasse mit angefeuchteten Händen kleine Bällchen formen.

2 Olivenöl in einer Pfanne erhitzen. Hackbällchen darin rundherum knusprig braun braten, herausnehmen und erkalten lassen.

3 Bohnen putzen, eventuell abfädeln, abspülen, abtropfen lassen, in etwa 2 cm lange Stücke schneiden. Salzwasser in einem Topf zum Kochen bringen. Bohnenstücke darin etwa 6 Minuten kochen, in ein Sieb geben, mit kaltem Wasser abschrecken und gut abtropfen lassen.

4 Bohnenkerne in ein Sieb geben, mit kaltem Wasser abspülen, gut abtropfen lassen.

5 Für das Dressing Zaziki mit Brühe und Olivenöl verrühren, mit Salz und Cayennepfeffer abschmecken.

6 Peperoni und Oliven abtropfen lassen. Zwiebeln abziehen, zuerst in dünne Scheiben schneiden, dann in Ringe teilen. Paprikaschote halbieren, entstielen, entkernen und die weißen Scheidewände entfernen. Schotenhälften waschen, abtropfen lassen und in schmale Streifen schneiden. Tomaten waschen, abtrocknen, halbieren und die Stängelansätze herausschneiden. Tomatenhälften grob würfeln.

7 Bohnenstücke, Bohnenkerne, Tomatenwürfel, Peperoni, Oliven, Zwiebelringe und Paprikastreifen auf einer Platte anrichten. Mit Dressing beträufeln. Hackbällchen darauf verteilen. Oder die Salatzutaten mischen, in Portionsschalen mit dem Dressing und den Hackbällchen anrichten. Nach Belieben mit abgespülten und trocken getupften Basilikumblättchen, Thymian- und Rosmarinzweigen garnieren.

TIPPS: Dieser Salat ist im Sommer ein sättigendes Hauptgericht, wenn es einmal richtig heiß ist. Auch auf einem Sommer-Buffet macht er stets eine gute Figur. Wer sich etwas weniger Arbeit machen möchte, serviert zum Salat einfach fertig gekaufte Mini-Hackbällchen (z. B. Geflügel-Hackbällchen aus dem Kühlregal).

Das Dressing können Sie auch selbst zubereiten. Dafür 125 g Salatgurke schälen, entkernen und grob raspeln. Mit 150 g Speisequark (40 % Fett) verrühren. 1 Knoblauchzehe abziehen, durch eine Knoblauchpresse drücken und unterrühren. Das Dressing mit Salz, Pfeffer, etwas Zitronensaft, Zucker und 2 Esslöffeln Olivenöl abschmecken.

20 MINUTEN

Tomatensalat mit Knusper-Croûtons

Fruchtig – raffiniert (4 Portionen)

Zutaten

8 mittelgroße Strauchtomaten
1 reife Avocado
1 EL Zitronensaft
Salz
frisch gemahlener Pfeffer
150 g Schafkäse
2 Schalotten
1 Knoblauchzehe
2 EL weißer Balsamico-Essig
4 EL Olivenöl

2 Scheiben Mehrkorntoast
5 Stängel glatte Petersilie

Pro Portion:
E: 10 g, F: 31 g, Kh: 12 g,
kJ: 1544, kcal: 368, BE: 0,5

1 Tomaten waschen, trocken tupfen, halbieren und die Stängelansätze herausschneiden. Tomatenhälften in fingerdicke Scheiben schneiden. Eine große Salatplatte mit den Tomatenscheiben auslegen.

2 Avocado in der Mitte längs durchschneiden und den Stein herauslösen. Avocadohälften schälen und in Spalten schneiden.

3 Avocadospalten sofort mit Zitronensaft beträufeln, mit Salz und Pfeffer würzen und auf den Tomatenscheiben anrichten. Schafkäse in kleine Würfel schneiden und darauf verteilen.

4 Schalotten und Knoblauch abziehen, in kleine Würfel schneiden. Essig mit Salz und Pfeffer verrühren. 2 Esslöffel des Olivenöls unterschlagen. Den Salat mit der Marinade beträufeln.

5 Restliches Olivenöl in einer Pfanne erhitzen. Toastbrotscheiben in kleine Würfel schneiden und in dem heißen Olivenöl von allen Seiten knusprig braun braten, dabei ständig wenden. Petersilie abspülen und trocken tupfen. Die Blättchen von den Stängeln zupfen. Blättchen klein schneiden. Die Croûtons auf dem Tomatensalat verteilen und mit der Petersilie bestreuen.

TIPPS: Wenn es einmal ganz schnell gehen muss: Fertig geröstete Croûtons und ein Glas gewürfelten Feta-Käse (Fertigprodukte) einkaufen. Die Tomatenscheiben damit anrichten. Wer die Zutaten im Vorrat hat, ist auch bei Überraschungsgästen (z. B. wenn die Kinder Schulkameraden mit nach Hause bringen) stets gut gerüstet und kann schnell einen leckeren Imbiss auf den Tisch stellen. Noch pikanter wird der Salat, wenn Sie ihn mit Ziegenkäse anrichten. Ganz mild, auch für kleine Kinder, wenn Sie Mozzarella verwenden.
Der Salat passt prima zu kurz Gebratenem wie Steak, Fischfilet oder Frikadellen und zu Gegrilltem. Dann hat Papa auch etwas, das ihn garantiert satt macht.
Übrigens: Avocados sind besonders reich an mehrfach und einfach ungesättigten Fettsäuren und Vitamin E, besonders wichtig für Kinder und Jugendliche!
Reife Früchte erkennen Sie daran, dass sie auf leichtem Druck mit dem Daumen nachgeben und der Stielansatz der Früchte sich leicht herausdrehen lässt.

20 MINUTEN

20 MINUTEN

Apfel-Möhren-Salat mit Honig-Sesam-Dressing

Erfrischend – fruchtig (4 Portionen)

Zutaten

1 Bio-Zitrone (unbehandelt, ungewachst)
1 Orange
2–3 TL flüssiger Akazienhonig
1 Prise gemahlener Zimt
1–2 EL Sesamöl oder geschmacksneutraleres Speiseöl, z. B. Rapsöl
2 Äpfel
1 Bund Möhren (etwa 500 g)
3 Sesam-Krokant-Riegel (je 25 g, Fertigprodukt aus dem Reformhaus, Naturkostladen oder Drogerie-Markt)

Pro Portion:
E: 3 g, F: 10 g, Kh: 25 g, kJ: 856, kcal: 205, BE: 1,5

1 Zitrone heiß abwaschen, abtrocknen und die Schale abreiben. Von der Schale einen Teelöffel abmessen. Zitrone und Orange halbieren und jeweils den Saft auspressen. Zitronen- und Orangensaft in eine Schüssel geben. Zitronenschale (1 Teelöffel), Honig und Zimt hinzufügen, mit einem Schneebesen gut verrühren. Sesam- oder Rapsöl unterschlagen.

2 Äpfel waschen, abtrocknen, vierteln, entkernen und in dünne Spalten schneiden. Apfelspalten zu dem Dressing in die Schüssel geben.

3 Möhren putzen, schälen, abspülen, abtropfen lassen, in dünne Scheiben oder Streifen schneiden, zu den Apfelspalten geben und gut unterrühren.

4 Den Salat in eine Salatschüssel geben. Krokant-Riegel zerbröseln und kurz vor dem Servieren auf den Salat streuen.

TIPPS: Der Salat lässt sich, in gut verschließbaren Kunststoffdosen, prima zur Schule oder ins Büro mitnehmen. Der Salat schmeckt sogar noch saftiger und aromatischer, wenn er etwas durchgezogen ist. Wenn es etwas reichhaltiger sein muss: Für Fleischesser fertig gebratene Puten- oder Hähnchenstreifen aus dem Kühlregal mitgeben, dann wird eine perfekte Mittagsmahlzeit daraus.
Eine herzhafte Variante: 2 Eier hart kochen, mit kaltem Wasser abschrecken, pellen und fein würfeln. Mit Zitronen-, Orangensaft, Salz, Pfeffer und Speiseöl zu einem Dressing verrühren. 1 Bund Schnittlauch abspülen, trocken tupfen, in feine Röllchen schneiden und unter das Dressing rühren. Möhrenscheiben oder -streifen und Apfelspalten hinzugeben, gut untermischen. Krokantbrösel dann weglassen. Die herzhafte Variante schmeckt besonders gut zu Vollkornbrot, ist aber auch ein vitaminreicher, leichter Vorspeisensalat, z. B. zu Fast-Food-Gerichten wie Pizza oder Burgern oder kurz Gebratenem.

20 MINUTEN

45 MINUTEN

Warmer Nudelsalat

Für Gäste (4 Portionen)

Zutaten
400 ml Gemüsebrühe (Instant)
300 g TK-Brokkoliröschen
300 g Kochschinken
4 Frühlingszwiebeln
1 Glas Maiskölbchen (Abtropfgewicht 215 g)

2 ½ l Wasser
2 ½ gestr. TL Salz
250 g Nudeln, z. B. Hütchen- oder Trulli-Nudeln

Für die Salatsauce:
150 ml Gemüsebrühe (von den Brokkoliröschen)
2 EL Essig (z. B. Estragon-Essig)
4 EL Olivenöl
etwas Zucker
Salz, frisch gemahlener Pfeffer

2 EL Schnittlauchröllchen

Pro Portion:
E: 29 g, F: 14 g, Kh: 51 g,
kJ: 1924, kcal: 459, BE: 4,0

Zubereitungszeit: 45 Minuten, ohne Durchziehzeit

1 Brühe in einem Topf zum Kochen bringen. Gefrorene Brokkoliröschen hinzugeben, wieder zum Kochen bringen und in etwa 6 Minuten gar kochen. Brokkoliröschen in ein Sieb geben, dabei die Brühe auffangen und 150 ml abmessen. Brokkoliröschen abtropfen lassen.

2 Schinken in Würfel schneiden. Frühlingszwiebeln putzen, waschen, abtropfen lassen und in Scheiben schneiden. Maiskölbchen in einem Sieb abtropfen lassen, eventuell halbieren.

3 Wasser in einem großen Topf mit geschlossenem Deckel zum Kochen bringen. Dann Salz und Nudeln hinzugeben. Die Nudeln im geöffneten Topf bei mittlerer Hitze nach Packungsanleitung kochen lassen, dabei zwischendurch 4–5-mal umrühren.

4 Anschließend die Nudeln in ein Sieb geben, mit heißem Wasser abspülen und abtropfen lassen.

5 Für die Sauce die aufgefangene Brühe in einem Topf aufkochen lassen. Essig und Olivenöl unterschlagen. Mit Zucker, Salz und Pfeffer kräftig würzen.

6 Nudeln mit Brokkoliröschen, Schinkenwürfeln, Frühlingszwiebelscheiben und Maiskölbchen mischen und mit der heißen Salatsauce übergießen. Den Salat etwas durchziehen lassen.

7 Den warmen Nudelsalat mit Schnittlauchröllchen bestreut servieren.

TIPPS: Lauwarm schmeckt dieser Salat besonders gut, aber auch abgekühlt und gut durchgezogen ist er ein Genuss.
Da sich der Salat gut vorbereiten und transportieren lässt, können Sie ihn zum Picknick, Grillen oder für ein Schulfest mit einplanen. Wer es würziger mag, nimmt statt Schinken Salami in Streifen und würzt das Dressing zusätzlich mit etwas grob geschrotetem Chili. In der Sommersaison können Sie auch frischen Brokkoli für den Salat verwenden. Rechnen Sie etwa 500 g frischen Brokkoli. Dafür Brokkoli putzen, in Röschen teilen, waschen, abtropfen lassen und 5–7 Minuten dünsten (nicht zu weich dünsten).

20 MINUTEN

Spaghettisalat mit Joghurt-Pesto

Raffiniert (4 Portionen)

Zutaten

100 g Zuckerschoten oder TK-Erbsen
2 ½ l Wasser
2 ½ gestr. TL Salz
250 g Hartweizen-Spaghetti oder helle Vollkorn-Spaghetti
1 EL Olivenöl
250 g Cocktailtomaten
4 Frühlingszwiebeln (ersatzweise 1 Bund frischer oder 25 g TK-Schnittlauch)
150 g Joghurt
50 ml Gemüsebrühe (Instant)
2 EL Kräuter-Pesto (aus dem Glas)
Salz
frisch gemahlener, schwarzer Pfeffer
2 hart gekochte Eier (Größe M)
3–4 EL frisch gehobelter Parmesan-Käse
einige frische Basilikumblättchen

Pro Portion:
E: 19 g, F: 17 g, Kh: 52 g,
kJ: 1886, kcal: 450, BE: 4,0

Zubereitungszeit: 20 Minuten, ohne Durchziehzeit

1 Von den Zuckerschoten die Enden abschneiden. Schoten eventuell abfädeln, waschen, abtropfen lassen und halbieren.

2 Wasser in einem großen Topf mit geschlossenem Deckel zum Kochen bringen. Dann Salz und Spaghetti hinzugeben. Die Spaghetti im geöffneten Topf bei mittlerer Hitze nach Packungsanleitung kochen lassen, dabei zwischendurch 4–5-mal umrühren.

3 Zuckerschotenhälften oder die gefrorenen Erbsen etwa 2 Minuten vor Ende der Garzeit zu den Spaghetti in den Topf geben und mitgaren lassen.

4 Anschließend die Spaghetti mit den Zuckerschotenhälften oder Erbsen in ein Sieb geben, mit heißem Wasser abspülen, abtropfen lassen und mit Olivenöl beträufeln. Spaghetti mit einer Gabel auflockern, damit sie nicht verkleben. Spaghetti mit den Zuckerschotenhälften oder Erbsen erkalten lassen.

5 Tomaten waschen, trocken tupfen, halbieren, eventuell die Stängelansätze herausschneiden. Frühlingszwiebeln putzen, waschen, abtropfen lassen, in feine Scheiben schneiden.

6 Spaghetti mit den Zuckerschotenhälften oder Erbsen in eine große Schüssel geben. Tomatenhälften und Frühlingszwiebelscheiben hinzugeben, vorsichtig untermischen.

7 Joghurt mit Brühe und Pesto verrühren. Mit Salz und Pfeffer kräftig würzen. Die Marinade mit den Salatzutaten gut vermischen. Den Salat zugedeckt etwa 20 Minuten durchziehen lassen.

8 Eier pellen, halbieren. Den Spaghettisalat nochmals mit Salz und Pfeffer abschmecken. Eventuell noch etwas Brühe unterrühren. Den Spaghettisalat mit Parmesan-Käse, Eierhälften und abgespülten, trocken getupften Basilikumblättchen anrichten.

TIPPS: Besonders viele Mineral- und Ballaststoffe erhält dieser Salat, wenn Sie ihn mit Vollkorn-Nudeln zubereiten. Wenn ein Esser fehlt: Eine Portion vorgekochte Nudeln abnehmen, kalt stellen bzw. einfrieren. Zum Erhitzen die Nudeln nur mit kochendem Wasser übergießen, abgetropft mit einer heißen Sauce servieren.

20 MINUTEN

15
MINUTEN

Pizza-Toasts

Raffiniert (4 Portionen)

Zutaten
8–10 Scheiben Vollkorn-Toast
2 Fleischtomaten
1 EL TK-Knoblauch-Kräuter-Mischung
oder ½–1 TL Pizza-Gewürz-Mischung
1 EL Olivenöl
Salz
frisch gemahlener Pfeffer
4–5 kleine Scheiben Kochschinken oder Salami
200–250 g Mozzarella

Pro Portion:
E: 29 g, F: 18 g, Kh: 27 g,
kJ: 1626, kcal: 388, BE: 2,0

Zubereitungszeit: **15 Minuten, ohne Backzeit**
Backzeit: **etwa 10 Minuten**

1 Den Backofen vorheizen.
Ober-/Unterhitze: 200 °C
Heißluft: 180 °C

2 Toastbrotscheiben im Toaster leicht rösten, abkühlen lassen und auf einem Backblech (mit Backpapier belegt) verteilen.

3 Tomaten waschen, trocken tupfen, halbieren und die Stängelansätze entfernen. Tomatenhälften in kleine Würfel schneiden, in ein Sieb geben und abtropfen lassen.

4 Tomatenwürfel mit der Kräuter- oder Gewürz-Mischung und Olivenöl verrühren. Mit Salz und Pfeffer würzen. Die Tomatenwürfel auf den Toastbrotscheiben verteilen.

5 Schinken- oder Salamischeiben halbieren und auf die Tomatenwürfel legen. Mozzarella abtropfen lassen, in feine Scheiben schneiden und darauf verteilen. Das Backblech in den vorgeheizten Backofen schieben. Pizza-Toasts etwa 10 Minuten goldbraun überbacken.

TIPPS: Für Tunfisch-Pizza-Toasts 1 kleine Dose Tunfisch in Öl (Abtropfgewicht 52 g) abtropfen lassen. Tunfisch zerzupfen, mit den Tomatenwürfeln mischen und auf den Toastbrotscheiben verteilen. Für Champignon-Pizza-Toasts 100 g rosé Champignons putzen, mit Küchenpapier abreiben, eventuell abspülen, gut trocken tupfen und in feine Scheiben schneiden. Champignonscheiben mit den Tomatenwürfeln mischen und auf den Toastbrotscheiben verteilen.
Falls nicht alle Familienmitglieder zur gleichen Zeit essen, die schon vorbereitete Tomaten-Mischung kalt stellen und die Pizza-Toasts je nach Bedarf im vorgeheizten Backofen frisch zubereiten.
Lecker als kleine Vorspeise oder zu den Pizza-Toasts schmeckt ein knackiger Salat. Wenn die Zeit einmal knapp ist, können Sie auf eine fertige Blattsalat-Mischung (aus dem Kühlregal) zurückgreifen. Den Blattsalat immer gut abspülen und gut trocken schleudern. Wenn Sie etwas mehr Zeit haben – der Apfel-Möhren-Salat (Rezept Seite 118), Tomatensalat mit Knusper-Croûtons (Rezept Seite 116) oder der Eisbergsalat mit fruchtigem Dressing (Rezept Seite 110) sind eine ideale leckere und vitaminreiche Ergänzung zu diesen kleinen Fast-Food-Snacks.

15 MINUTEN

20 MINUTEN

Yufkarollen mit Gemüse-Feta-Füllung

Raffiniert (4 Portionen)

Zutaten
1 Glas geröstete Paprikahälften (Abtropfgewicht 450 g)
2 Knoblauchzehen
2 kleine Tomaten
½ Bund glatte Petersilie
200 g Feta-Käse
½ TL fein abgeriebene Zitronenschale von 1 Bio-Zitrone (unbehandelt, ungewachst)
frisch gemahlener Pfeffer
evtl. etwas gemahlener Kreuzkümmel (Cumin)
8–12 große, runde Yufka-Teigblätter (erhältlich in türkischen Läden, evtl. auch schon in Dreiecke geschnitten aus dem Frischregal)
etwa 250 ml (¼ l) Speiseöl, z. B. Sonnenblumenöl

Pro Portion:
E: 22 g, F: 34 g, Kh: 96 g, kJ: 3311, kcal: 791, BE: 8,0

Garzeit: 2–5 Minuten

1 Paprikahälften in einem Sieb gut abtropfen lassen und zusätzlich mit Küchenpapier trocken tupfen. Knoblauch abziehen und sehr fein würfeln.

2 Tomaten waschen, abtropfen lassen, halbieren und die Stängelansätze herausschneiden. Tomatenhälften in sehr kleine Würfel schneiden. Paprikahälften nach Belieben längs in feine Streifen schneiden. Petersilie abspülen und trocken tupfen. Die Blättchen von den Stängeln zupfen. Blättchen grob zerschneiden.

3 Feta-Käse fein zerbröseln und in eine Schüssel geben. Petersilie und Zitronenschale untermischen. Mit Pfeffer und nach Belieben mit Kreuzkümmel würzen.

4 Yufka-Teigblätter auf einer Arbeitsfläche ausbreiten und dünn mit Speiseöl bestreichen. Jeweils 2 Teigblätter übereinanderlegen. Mit einem scharfen Messer in Viertel schneiden. Vorbereitete Gemüsezutaten und die Feta-Petersilien-Mischung auf den runden Seiten der einzelnen Teigstücke verteilen, dabei die Ränder jeweils etwas frei lassen. Die Seiten etwas einklappen. Die Teigdreiecke je zur Spitze hin aufrollen. Die Ränder leicht andrücken.

5 Jeweils etwas Speiseöl in einer großen Pfanne erhitzen. Die Teigrollen portionsweise schwimmend in dem erhitzten Speiseöl etwa 2 Minuten von allen Seiten knusprig braun braten. Yufkarollen mit einem Schaumlöffel herausnehmen, auf Küchenpapier legen und abtropfen lassen.

TIPPS: Zu den Yufkarollen schmeckt ein frischer, würziger Joghurt-Kräuter-Dip. Dazu 200 g Joghurt mit Salz, Pfeffer und 1 zerdrückten Knoblauchzehe verrühren. 2 Esslöffel Olivenöl und gehackte Kräuter nach Geschmack (z. B. Basilikum, Petersilie, Koriander oder Minze) gut unterrühren. Mit einem würzigen Tomaten- oder Gurkensalat serviert, wird aus den Yufkarollen ein schneller, sommerlicher Mittags- oder Abend-Snack. Die Yufkarollen schmecken auch kalt sehr gut. Das ist praktisch, wenn sich nicht alle Familienmitglieder zur Mittagszeit am Tisch versammeln können. Oder wenn Sie die Yufkarollen z. B. für ein Buffet vorbereiten möchten.
Ganz schnell zubereitet sind die Röllchen, wenn Sie einfach fertige, mit Feta-Käse gefüllte Pfefferschoten (gibt es im Glas oder in der Feinkosttheke) in den Teig einrollen, diese nur noch braten und schon sind sie fertig.

40 MINUTEN

Yufkaschalen mit Gyros

Etwas aufwendiger (4 Portionen)

Zutaten
24 runde Yufkateigblätter (Ø 20–30 cm) hauchdünne Teigblätter, erhältlich in türkischen Läden)
etwas Speiseöl, z. B. Sonnenblumenöl

Für die Joghurtsauce:
3 Knoblauchzehen
250 g Sahnejoghurt (10 % Fett, z. B. türkischer oder griechischer)
2 EL Olivenöl
Salz, frisch gemahlener Pfeffer

Für die Gyrosfüllung:
1 EL Olivenöl
300 g Gyrosfleisch (fertig mariniert)
4 mittelgroße Tomaten
150 g Schafkäse
½ Bund glatte Petersilie
gerebelter Oregano

Außerdem:
12 kleine Stücke Alufolie

Pro Portion:
E: 31 g, F: 27 g, Kh: 51 g,
kJ: 2410, kcal: 575. BE: 4,0

Zubereitungszeit: 40 Minuten, ohne Backzeit
Backzeit: 12–15 Minuten

1 Den Backofen vorheizen.
Ober-/Unterhitze: etwa 180 °C
Heißluft: etwa 160 °C

2 Je 2 Yufkateigblätter aufeinanderlegen. Aus den Teigblättern 12 runde Platten (Ø etwa 12 cm) ausstechen und in eine Muffinform (für 12 Muffins, gefettet) legen. Alufolienstücke jeweils zusammendrücken (knüllen) und auf die Teigblätter in den Mulden der Muffinform geben, damit ein Hohlraum für die Schalen entsteht. Die Form auf dem Rost in den vorgeheizten Backofen schieben. Die Yufkaschalen 12–15 Minuten backen.

3 Für die Sauce Knoblauch abziehen, zerdrücken. Joghurt mit Knoblauch verrühren. Olivenöl unterschlagen. Mit Salz und Pfeffer würzen.

4 Für die Füllung jeweils etwas Olivenöl in einer Pfanne erhitzen. Gyros darin portionsweise etwa 5 Minuten unter Wenden anbraten.

5 Tomaten waschen, abtropfen lassen, halbieren, Stängelansätze herausschneiden, Tomaten würfeln. Schafkäse in Würfel schneiden. Petersilie abspülen, trocken tupfen. Blättchen von den Stängeln zupfen, in feine Streifen schneiden. Gyros mit Tomaten-, Käsewürfeln und Petersilienstreifen vermischen, mit Pfeffer und Oregano nachwürzen.

6 Die Yufkaschalen aus den Förmchen lösen, auf einem Kuchenrost erkalten lassen. Die Gyrosfüllung in den Yufkaschalen verteilen und mit der Joghurtsauce servieren.

TIPPS: Auch ohne Muffinform können Sie diesen Snack zubereiten. Dafür die Fleischfüllung laut Rezept, aber ohne Tomatenwürfel zubereiten. Teigblätter wie beschrieben vorbereiten, nicht kleiner schneiden. Fleischfüllung darauf verteilen, dabei die Ränder frei lassen. Ränder zur Mitte einklappen, Yufakteigblätter zu Röllchen (Börek) zusammenrollen. Mit Olivenöl bestreichen, auf ein Backblech (mit Backpapier belegt) legen, im vorgeheizten Backofen bei gleicher Backofeneinstellung 12–15 Minuten knusprig backen.

20 MINUTEN

Kartoffelpuffer mit dreierlei Blitz-Salsa

Raffiniert (4 Portionen)

Zutaten

2 Eier
10–12 TK-Kartoffelpuffer (Reibekuchen)

1 große Fleischtomate (etwa 250 g)
2 EL Speiseöl
Salz, frisch gemahlener Pfeffer
1 Schalotte
4 Stängel Basilikum
1 TL flüssiger Honig

½ Bund Schnittlauch
2 EL mittelscharfer Senf
1 EL saure Sahne
3 Frühlingszwiebeln
100 g Feta-Käse
Zucker

Pro Portion:
E: 11 g, F: 14 g, Kh: 38 g,
kJ: 1357, kcal: 324, BE: 3,0

Zubereitungszeit: **20 Minuten, ohne Backzeit**
Backzeit: **15–18 Minuten**

1 Den Backofen vorheizen.
Ober-/Unterhitze: 200 °C
Heißluft: 180 °C

2 Eier in kochendem Wasser 8–10 Minuten hart kochen, mit kaltem Wasser abschrecken. Eier erkalten lassen, pellen, in kleine Würfel schneiden und beiseitestellen.

3 Kartoffelpuffer gefroren auf einem Backblech (mit Backpapier belegt) verteilen. Das Backblech in den vorgeheizten Backofen schieben. Die Puffer 15–18 Minuten nach Packungsanleitung knusprig braun backen.

4 In der Zwischenzeit Tomate waschen, trocken tupfen, halbieren und den Stängelansatz herausschneiden. Tomatenhälften in sehr kleine Würfel schneiden. Die Hälfte der Tomatenwürfel in eine kleine Schüssel geben, Speiseöl untermischen. Mit Salz und Pfeffer würzen.

5 Schalotte abziehen und in kleine Würfel schneiden. Basilikum abspülen und trocken tupfen. Die Blättchen von den Stängeln zupfen. Blättchen klein schneiden. Schalottenwürfel und Basilikum zu den Tomatenwürfeln geben und untermischen. Salsa mit Honig, Salz und Pfeffer abschmecken.

5 Schnittlauch abspülen, trocken tupfen und in Röllchen schneiden. Senf mit der sauren Sahne verrühren. Mit Salz und Pfeffer würzen. Beiseitegestellte Eierwürfel und Schnittlauchröllchen unterrühren.

6 Frühlingszwiebeln putzen, waschen, abtropfen lassen und in sehr kleine Stücke schneiden. Feta-Käse in kleine Würfel schneiden. Restliche Tomatenwürfel mit den Käsewürfeln und Frühlingszwiebelstücken mischen. Mit Zucker, eventuell noch etwas Salz und Pfeffer abschmecken.

7 Die Kartoffelpuffer aus dem Backofen nehmen und anrichten. Tomatensalsa, Schnittlauch-Eier-Dip und die Feta-Tomaten-Mischung dazureichen.

TIPPS: Sie können die Kartoffelpuffer auch frisch zubereiten: Dafür 1 Kilogramm Kartoffeln waschen, schälen, abspülen, abtropfen lassen und auf einer Haushaltsreibe reiben. 2 Eier (Größe M), 4 Esslöffel Weizenmehl, 1 Teelöffel Salz und eine Prise Muskatnuss hinzugeben und gut unterrühren. Jeweils etwas Speiseöl in einer Pfanne erhitzen. Mit einem Esslöffel kleine Teighäufchen in die Pfanne setzen. Die Puffer portionsweise von jeder Seite knusprig braun braten und herausnehmen. Die knusprigen Puffer schmecken zur Abwechslung auch mal mit Fruchtkompott, Apfelmus oder Beerengrütze.

15 MINUTEN

Vegi-Wraps

Für Kinder – einfach (4 Portionen)

Zutaten

1 kleine Dose Gemüsemais (Abtropfgewicht 140 g)
175 g Joghurt-Salatcreme
100 g Joghurt
Salz
frisch gemahlener Pfeffer
evtl. 1 Prise Currypulver
½ Eisbergsalat
2 mittelgroße Möhren
1 gelbe Paprikaschote
6–8 Weizen-Tortilla-Fladen (aus dem Brotregal)
150 g frisch geriebener Käse, z. B. mittelalter Gouda oder Emmentaler

Pro Portion:

E: 19 g, F: 34 g, Kh: 56 g, kJ: 2534, kcal: 606, BE: 4,5

1 Mais in einem Sieb abtropfen lassen. Salatcreme mit Joghurt in einer Schüssel verrühren. Mit Salz, Pfeffer und eventuell 1 Prise Curry verrühren. Mais untermischen.

2 Salat putzen, waschen, sehr gut abtropfen lassen und in feine Streifen schneiden. Möhren putzen, schälen, abspülen, abtropfen lassen und grob raspeln. Paprikaschote halbieren, entstielen, entkernen und die weißen Scheidewände entfernen. Schotenhälften waschen, abtropfen lassen und in feine, lange Streifen schneiden.

3 Tortilla-Fladen in einer heißen Pfanne ohne Fett nach Packungsanleitung kurz erhitzen, herausnehmen und erkalten lassen. Tortilla-Fladen mit den Salatstreifen, Möhrenraspeln und Paprikastreifen belegen. Mais-Joghurt-Salatcreme-Mischung darauftr äufeln. Mit Käse bestreuen.

4 Zwei Seiten der Tortilla-Fladen zur Mitte hin leicht einklappen. Tortillas fest aufrollen und nach Belieben in Gläsern servieren.

TIPPS: Falls es etwas reichhaltiger sein soll: 2 Eier hart kochen, abschrecken, pellen, in kleine Würfel schneiden und unter die Creme rühren. Für Fleischfans die Tortillas zusätzlich mit in Streifen geschnittenen Frikadellen, Schinkenstreifen oder Fleischkäsestreifen füllen.
Tortilla füllen und essen macht Kindern riesigen Spaß. Lassen Sie die Kleinen die Fladen selbst belegen und aufrollen. Da wird zwar sicherlich reichlich gekleckert, aber der Genuss eines selbst zusammengestellten Essens, das man auch noch mit den Händen essen darf, ist einfach überzeugend.
Wenn alle zu unterschiedlichen Zeiten nach Hause kommen, die Zutaten vorbereiten und in Schälchen mit Frischhaltefolie im Kühlschrank kalt stellen. Die Fladen einfach ungebacken verwenden – schmeckt auch prima und sie werden dann nicht hart, sondern lassen sich jederzeit leicht aufrollen.

15
MINUTEN

20 MINUTEN

Couscous mit Karamellkirschen

Für Kinder (4–5 Portionen als Hauptgericht, 8 Portionen als Dessert)

Zutaten

750 g Schattenmorellen
750 ml (¾ l) Apfelsaft
½ Pck. Dr. Oetker Pudding-Pulver Vanille-Geschmack
2–4 EL Zucker
¼ Zimtstange
1 Pck. Dr. Oetker Vanillin-Zucker
200 g Instant-Couscous
2–3 EL Butter oder Margarine
evtl. 1–2 EL Mandelsirup und einige frische Minzeblättchen

Pro Portion als Hauptgericht:
E: 6 g, F: 10 g, Kh: 81 g,
kJ: 1903, kcal: 455, BE: 6,5

Zubereitungszeit: 20 Minuten, ohne Abkühlzeit
Garzeit: etwa 8 Minuten

1 Kirschen waschen, abtropfen lassen, entstielen und entsteinen. 375 ml (⅜ l) Apfelsaft abmessen. Pudding-Pulver mit etwa 4 Esslöffeln des abgemessenen Saftes anrühren.
1–2 Esslöffel Zucker in einem kleinen Topf bei schwacher bis mittlerer Hitze goldgelb schmelzen. Den restlichen, abgemessenen Apfelsaft hinzugießen und den Karamell loskochen. Angerührtes Pudding-Pulver einrühren und unter Rühren kurz aufkochen lassen.

2 Kirschen und Zimtstange zu der Puddingmasse geben und kurz aufkochen lassen. Karamellkirschen erkalten lassen. Zimtstange entfernen.

3 Restlichen Apfelsaft, 175 ml Wasser und Vanillin-Zucker in einem Topf zum Kochen bringen. Couscous unter Rühren einstreuen und auf der ausgeschalteten Kochstelle unter gelegentlichem Rühren 8–10 Minuten ausquellen lassen. Den Topf von der Kochstelle nehmen. Couscous abkühlen lassen.

4 Butter oder Margarine in einer Pfanne erhitzen. Restlichen Zucker und Couscous hinzugeben, etwa 3 Minuten unter Rühren knusprig braten.

5 Couscous mit Karamellkirschen anrichten, eventuell mit Mandelsirup beträufeln und mit abgespülten, trocken getupften Minzeblättchen garnieren.

TIPPS: Den Couscous mit Vanilla- oder Sahnejoghurt servieren.
Wenn es schnell gehen soll: Den Couscous nur kurz abkühlen lassen, dann gleich braten und mit fertig gekauftem Kompott anrichten. Couscousreste mit Speisequark (Magerstufe) und einem Eigelb verrühren, mit Zucker oder flüssigem Honig abschmecken. Steif geschlagenes Eiweiß unterziehen. Die Couscousmasse in eine Auflaufform geben und im vorgeheizten Backofen bei Ober-/Unterhitze: etwa 180 °C, Heißluft: etwa 160 °C etwa 25 Minuten backen.
Alternativ können Sie Kompott und Couscous auch mit Honig, Apfeldicksaft oder Agavendicksaft abschmecken. Diese Süßungsmittel sollten Sie allerdings nicht erhitzen bzw. karamellisieren, da sie eventuell bitter schmecken.

20 MINUTEN

20 MINUTEN

Knusper-Päckchen

Raffiniert (6 Stück)

Zutaten

750 g frische Aprikosen oder 1 Dose Aprikosenhälften (Abtropfgewicht 540 g)
Saft und abgeriebene Schale von ½ Bio-Zitrone (unbehandelt, ungewachst)
1 Prise gemahlener Zimt
1 Pck. Dr. Oetker Vanillin-Zucker
evtl. 3–4 EL flüssiger Honig
3–4 EL zerlassene Butter
12 kleine, runde Blätter Filoteig (Fertigprodukt aus dem Kühlregal, erhältlich in türkischen Lebensmittelläden)
250 g Speisequark (Magerstufe)
1 Ei (Größe M)
2 gestrichene EL Dr. Oetker Pudding-Pulver Vanille-Geschmack
2 EL gehackte Pistazienkerne

Pro Portion:
E: 10 g, F: 14 g, Kh: 30 g, kJ: 1222, kcal: 291, BE: 2,5

Zubereitungszeit: **20 Minuten, ohne Backzeit**
Backzeit: **25–30 Minuten**

1 Aprikosen waschen, abtropfen lassen, halbieren und entsteinen. Aprikosenhälften aus der Dose in einem Sieb abtropfen lassen. 8 Aprikosenhälften in kleine Würfel schneiden und in eine Schüssel geben.

2 Zitrone heiß abwaschen, abtrocknen und die Schale von der halben Zitrone fein abreiben. Zitrone halbieren und von einer Zitronenhälfte den Saft auspressen. Zwei Esslöffel Zitronensaft und Zimt zu den Aprikosenwürfeln in die Schüssel geben und untermischen. Restliche Aprikosenhälften mit Vanillin-Zucker und restlichem Zitronensaft in einem hohen Rührbecher fein pürieren, eventuell mit Honig abschmecken.

3 Den Backofen vorheizen.
Ober-/Unterhitze: etwa 180 °C
Heißluft: etwa 160 °C

4 6 Filoteigblätter auf einer leicht bemehlten Arbeitsfläche ausbreiten. Filoteigblätter dünn mit etwas von der Butter bestreichen und jeweils mit einem zweiten Filoblatt belegen. Ebenfalls dünn mit Butter bestreichen.

5 Sechs Vertiefungen einer Muffinform mit Butter ausstreichen. Die doppelt aufeinanderliegenden Filoteigblätter in die Vertiefungen legen, dabei jeweils den Rand und Boden leicht andrücken. Überstehenden Teig am oberen Rand abschneiden.

6 Aprikosenwürfel in einem Sieb abtropfen lassen, den Saft dabei auffangen. Aprikosensaft mit Zitronenschale, Quark, restlichem Honig, Ei, Pudding-Pulver und 1 Esslöffel Pistazienkerne glatt rühren. Aprikosenwürfel unterheben. Die Quark-Aprikosen-Masse in die mit Filoteigblättern ausgelegten Förmchen geben. Mit den restlichen Pistazienkernen bestreuen.

7 Die Muffinform auf dem Rost in den vorgeheizten Backofen schieben. Die Knusper-Päckchen 25–30 Minuten backen. Die Aprikosen-Quark-Päckchen eventuell kurz vor Ende der Backzeit mit Backpapier zudecken, damit der Teig nicht zu stark bräunt.

8 Die Form aus dem Backofen nehmen. Die Aprikosen-Quark-Päckchen kurz in der Form ruhen lassen. Dann vorsichtig aus den Förmchen lösen.

9 Die Aprikosen-Quark-Päckchen mit dem Aprikosenpüree anrichten und sofort servieren.

TIPPS: Die angegebene Menge reicht für etwa 3 Personen als kleine süße Mittagsmahlzeit, wenn Sie vorab einen knackigen Salat oder eine leichte Suppe mit etwas Brot servieren. Oder Sie bereiten die Päckchen für 4–6 Personen als Dessert zu.
Statt 12 kleine runde Filoteigblätter können Sie auch aus 2–3 Filoteigplatten insgesamt 12 kleine runde Teigblätter (Ø etwa 11,5 cm) ausstechen.

15 MINUTEN

Kokosmilchnudeln mit Früchten

Für Kinder – einfach (4 Portionen als Hauptgericht, 8 Portionen als Dessert)

Zutaten
400 ml Kokosmilch
600 ml fettarme Milch
2 EL flüssiger Honig
1 EL Zucker
300 g kleine Suppennudeln (z. B. Hörnchen)

Für das Pflaumenkompott:
600 g Pflaumen
30 g Zucker
½ Stange Zimt
125 ml (⅛ l) klarer Apfelsaft

Pro Portion (4 Portionen):
E: 17 g, F: 22 g, Kh: 97 g,
kJ: 2750, kcal: 659, BE: 8,0

Garzeit: etwa 20 Minuten

1 Kokosmilch mit Milch, Honig und Zucker in einem Topf verrühren und zum Kochen bringen. Nudeln hinzugeben. Die Nudeln bei schwacher bis mittlerer Hitze bissfest garen, dabei gelegentlich umrühren.

2 In der Zwischenzeit für das Pflaumenkompott Pflaumen waschen, trocken tupfen, entstielen, halbieren und entsteinen. Pflaumenhälften grob zerkleinern. Pflaumenstücke, Zucker, Zimtstange und Apfelsaft in einem Topf zum Kochen bringen, etwa 2 Minuten bei schwacher bis mittlerer Hitze kochen lassen. Pflaumenkompott abkühlen lassen, Zimtstange entfernen.

3 Sobald die Nudeln bissfest sind, die Temperatur erhöhen. Die verbliebene Flüssigkeit unter vorsichtigem Rühren kräftig einkochen lassen, bis die Nudelmasse leicht sämig ist.

4 Die Kokosmilchnudeln mit dem Pflaumenkompott in tiefen Tellern anrichten oder das Pflaumenkompott getrennt zu den Kokosmilchnudeln reichen.

TIPPS: Verwenden Sie für dieses Gericht einmal helle Vollkornnudeln, durch das Garen in der süßen Kokosmilch werden sie ganz weich und verlieren den typischen Vollkorn-Geschmack. So mögen auch kleine Kinder die dunklen Nudeln ganz gern. Sie können auch Pflaumenhälften aus dem Glas dazureichen. Die Nudeln schmecken auch kalt sehr gut. Falls die Nudeln zu fest geworden sind, etwas Milch unterrühren, eventuell noch 1 Teelöffel Zimt-Zucker darüberstreuen.

15
MINUTEN

25 MINUTEN

Dickmilch-Himbeer-Speise

Erfrischend (4–6 Portionen)

Zutaten
450 g TK-Himbeeren
6 Blatt weiße Gelatine
500 g Dickmilch
75 g gesiebter Puderzucker
2 EL Zitronensaft

Zum Garnieren:
1 Bio-Zitrone (unbehandelt, ungewachst)

Pro Portion:
E: 6 g, F: 4 g, Kh: 24 g,
kJ: 699, kcal: 167, BE: 2,0

Zubereitungszeit: 25 Minuten, ohne Antau-, Abkühl- und Kühlzeit

1 Himbeeren etwas antauen lassen. Gelatine in kaltem Wasser nach Packungsanleitung einweichen. Dickmilch mit 50 g Puderzucker und Zitronensaft verrühren.

2 Gelatine leicht ausdrücken, in einem kleinen Topf unter Rühren erwärmen (nicht kochen), bis sie völlig gelöst ist. Gelatine etwas abkühlen lassen und mit etwas von der Dickmilchmischung verrühren, dann unter die restliche Dickmilchmischung rühren.

3 Die Hälfte der Himbeeren mit dem restlichen Puderzucker pürieren, nach Belieben durch ein Sieb streichen und als Sauce beiseitestellen.

4 Sobald die Dickmilchmasse anfängt dicklich zu werden, die restlichen Himbeeren unterrühren. Die Masse in 4–6 Förmchen oder Tassen geben. Die Förmchen oder Tassen etwa 2 Stunden in den Kühlschrank stellen, bis die Masse fest geworden ist.

5 Die Förmchen oder Tassen kurz in heißes Wasser tauchen. Die Creme am Rand eventuell mit einem schmalen Messer vorsichtig lösen. Die Dickmilch-Himbeer-Speise auf Dessertteller stürzen.

6 Zum Garnieren die Zitrone heiß abwaschen und abtrocknen. Zitrone dünn schälen. Zitronenschale in feine Streifen schneiden, auf die Dickmilch-Himbeer-Speise streuen und mit der beiseitegestellten Himbeersauce servieren.

TIPPS: Statt mit Himbeeren können Sie das Dessert mit Erdbeeren oder Heidelbeeren zubereiten. Bestens vorzubereiten, leicht und erfrischend, passt dieses Dessert perfekt auf ein Sommer-Buffet. Stellen Sie die Dickmilch-Himbeer-Speise allerdings bis kurz vor dem Genuss in den Kühlschrank.

25 MINUTEN

20 MINUTEN

Hafer-Quark-Keulchen mit Kompott

Raffiniert (4 Portionen)

Zutaten
2 Eigelb (Größe M)
50 g Zucker
200 g Speisequark (Magerstufe)
50 g kernige Haferflocken
2 geh. EL Weizenmehl (Type 550)
1 Bio-Zitrone (unbehandelt, ungewachst)
Salz
2 Eiweiß (Größe M)

Für das Erdbeer-Rhabarber-Kompott:
250 g Erdbeeren
500 g Rhabarber
3–4 EL Zucker
1 Pck. Dr. Oetker Pudding-Pulver Vanille-Geschmack

3 EL Speiseöl, z. B. Sonnenblumenöl

1 EL Puderzucker

Pro Portion:
E: 14 g, F: 12 g, Kh: 55 g,
kJ: 1648, kcal: 393, BE: 4,5

Zubereitungszeit: 20 Minuten, ohne Ruhezeit

1 Eigelb, Zucker, Quark, Haferflocken und Mehl in eine Rührschüssel geben und mit einem Schneebesen oder Handrührgerät mit Rührbesen zu einer cremigen Masse verrühren. Zitrone heiß abwaschen, abtrocknen und die Schale abreiben. Von der Zitronenschale einen Teelöffel abmessen. Die Zitrone halbieren.

2 Von einer Zitronenhälfte den Saft auspressen. Zitronenschale, -saft und 1 Prise Salz unter die Quarkmasse rühren. Eiweiß steif schlagen und unterheben. Den Quarkteig etwa 10 Minuten ruhen lassen.

3 Für das Kompott Erdbeeren putzen, waschen, abtropfen lassen, entstielen und halbieren. Rhabarber abziehen, waschen, abtropfen lassen, Stielenden und Blattansätze entfernen. Die Stangen in fingerdicke Stücke schneiden.

4 Erdbeerhälften und Rhabarberstücke in einem Topf vermischen. Gut 250 ml (¼ l) Wasser hinzugießen, zum Kochen bringen und etwa 4 Minuten bei schwacher Hitze kochen lassen. Zucker unterrühren und abschmecken. Pudding-Pulver mit 4 Esslöffeln Wasser anrühren, unter das Kompott rühren und unter Rühren kurz aufkochen lassen. Kompott in eine Schüssel füllen und erkalten lassen.

5 Jeweils etwas Speiseöl in einer großen Pfanne erhitzen. Von dem Quarkteig mit einem Esslöffel Teighäufchen abnehmen und in die Pfanne setzen. Die Keulchen portionsweise bei mittlerer Hitze leicht bräunen lassen, dann vorsichtig wenden, insgesamt etwa 3 Minuten backen.

6 Die Keulchen auf einer vorgewärmten Platte mit Puderzucker bestäuben und mit dem Erdbeer-Rhabarber-Kompott anrichten.

TIPPS: Zu den Quark-Keulchen passt auch prima ein Obstsalat: Verrühren Sie Zitronensaft mit Honig und schneiden Sie Obst, z. B. Apfel, Birne, Banane, Melone, Orange – was Sie gerade im Hause haben – in die Marinade.
Für alle, die süße Gerichte zwar lecker finden, aber das Gefühl haben, etwas Deftiges zum Sattwerden muss es auch sein: Servieren Sie vor den Quarkkeulchen eine leichte Suppe oder Brühe mit Gemüseeinlage und einigen sättigenden Klößchen (aus Fleisch oder Grieß). Die Suppe muss ja nicht immer selbst gemacht sein, manchmal tut es auch eine Suppe aus der Dose oder Packung.

25 MINUTEN

KiBa-Quark

Für Kinder (4–6 Portionen)

Zutaten
1 Glas Schattenmorellen (Abtropfgewicht 370 g)
1 Stück Zitronenschale von einer Bio-Zitrone (unbehandelt, ungewachst)
20 g Speisestärke
175 ml Kirschsaft (aus dem Glas)
25 g Zucker
1 Pck. Dr. Oetker Vanillin-Zucker

Für den Bananenquark:
2 Bananen
Saft von 1 Zitrone
250 g Speisequark (Magerstufe)
150 g Sahnejoghurt
30 g Zucker
150 g Schlagsahne

Pro Portion:
E: 9 g, F: 12 g, Kh: 48 g,
kJ: 1486, kcal: 355, BE: 4,0

Zubereitungszeit: 25 Minuten, ohne Abkühlzeit

1 Für das Kirschkompott Schattenmorellen in einem Sieb abtropfen lassen, dabei den Saft auffangen und 175 ml abmessen.

2 Zitrone heiß abwaschen, abtrocknen und ein Stück Zitronenschale abschälen. Zitrone halbieren, den Saft auspressen und für den Bananenquark beiseitestellen.

3 Speisestärke mit etwas von dem Kirschsaft glatt rühren. Restlichen Kirschsaft, Zitronenschale, Zucker und Vanillin-Zucker in einem Topf aufkochen lassen. Angerührte Speisestärke in den von der Kochstelle genommenen Saft rühren und unter Rühren nochmals aufkochen lassen. Den Topf von der Kochstelle nehmen. Das Kirschkompott erkalten lassen, dabei zwischendurch mehrmals umrühren. Zitronenschale entfernen.

4 Für den Bananenquark Bananen schälen, in Stücke schneiden, mit dem beiseitegestellten Zitronensaft in eine Schüssel geben und mit einem Stabmixer pürieren.

5 Quark, Joghurt und Zucker unterrühren. Sahne steif schlagen und unterheben.

6 Den Bananenquark in 4–6 Dessertgläser oder hohe Wassergläser füllen. Das Kirschkompott daraufgeben.

TIPPS: Die angegebene Menge des Desserts reicht, wenn kleinere Kinder mitessen, für 6 Portionen.
Den leckeren Bananenquark können Sie auch solo oder mit Raspelschokolade bestreut oder Kakao bestäubt servieren.
Den Bananenquark mit einer fertig gekauften Kirschgrütze als schnelles Dessert anrichten. Oder Sie verwenden den Bananenquark als Füllung für einen Obsttortenboden. Dafür Bananen nur mit dem Saft von ½ Zitrone pürieren und die Sahne mit 1 Päckchen Dr. Oetker Sahnesteif steif schlagen.

25 MINUTEN

Maracuja-Quark-Strudel

Raffiniert (4–6 Portionen)

Zutaten
3 Maracujas (Passionsfrucht)
oder 50 ml Maracuja-Nektar
Schale und Saft von ½ Bio-Zitrone
(unbehandelt, ungewachst)
50 g weiche Butter oder Margarine
40 g Zucker
1 Ei (Größe M)
1 Eigelb (Größe M)
250 g Speisequark (Magerstufe)
2 Stück Vollkorn- oder Kokos-Zwieback
100 g fertiger Strudelteig (Kühlregal oder TK)
2 EL gehobelte Mandeln

Pro Portion:
E: 13 g, F: 15 g, Kh: 30 g,
kJ: 1343, kcal: 321, BE: 2,5

Zubereitungszeit: 20 Minuten, ohne Backzeit
Backzeit: etwa 25 Minuten

1 Maracujas halbieren und das Fruchtmark mit einem Löffel herausnehmen. Fruchtmark eventuell durch ein feines Sieb streichen. Zitrone heiß abwaschen, abtrocknen, halbieren und von einer Hälfte die Schale abreiben. Zitronenhälfte auspressen.

2 Den Backofen vorheizen.
Ober-/Unterhitze: etwa 180 °C
Heißluft: etwa 160 °C

3 40 g der Butter oder Margarine, Zucker und Zitronenschale in einer Rührschüssel mit einem Schneebesen sehr cremig rühren.
Ei und Eigelb gut unterrühren.

4 Quark, Zitronensaft und Maracujamark oder -nektar hinzugeben und unterrühren. Zwiebäcke fein zerbröseln und unterheben.

5 Ein Backblech (30 x 40 cm, mit Backpapier belegt) mit dem Strudelteig (TK-Strudelteig vorher auftauen lassen) belegen. Die Maracuja-Quark-Masse darauf verteilen, dabei rundherum einen etwa 3 cm breiten Rand frei lassen. Die Teigränder über die Quarkmasse schlagen. Den Teig von der längeren Seite her aufrollen.

6 Restliche Butter oder Margarine zerlassen. Den Strudel damit bestreichen und mit Mandeln bestreuen.

7 Backblech in den vorgeheizten Backofen schieben. Strudel etwa 25 Minuten backen.

8 Den Strudel mit dem Backpapier vom Backblech auf einen Kuchenrost ziehen. Den Strudel leicht abkühlen lassen, in 4–6 Stücke schneiden und servieren.

TIPPS: Den Strudelteig können Sie selbst nach folgendem Rezept zubereiten: 125 g Weizenmehl, 1 Teelöffel Speiseöl, etwa 60 ml lauwarme Molke oder Wasser, 1 Eigelb (Größe M) und 1 Prise Salz mit der Küchenmaschine oder mit Handrührgerät mit Knethaken zunächst kurz auf niedrigster Stufe, dann auf höchster Stufe so lange durcharbeiten, bis ein geschmeidiger, leicht glänzender Teig entsteht. Den Teig in Frischhaltefolie gewickelt etwa 30 Minuten ruhen lassen. Den Strudelteig auf einem bemehlten großen Geschirrtuch hauchdünn ausrollen und wie im Rezept beschrieben weiter verarbeiten.
Der Strudelteig kann man gut einfrieren, deshalb eventuell gleich die doppelte Portion zubereiten und einfrieren. Auch mit herzhaft gewürztem Quark oder gedünstetem Gemüse gefüllt, schmeckt der Strudel prima.

20 MINUTEN

10 MINUTEN

Eis-Doppeldecker

(das Turbo-Dessert)

Für Kinder – schnell (4 Portionen)

Zutaten

400 g gemischte Beeren (TK- oder frische Beeren)
150 g Schlagsahne
½–¾ Pck. fertiger Rührkuchen aus der Packung (200–300 g, z. B. Zitrone, Marmor, Marzipan oder Schokolade)
300 ml Vanille-Eiscreme
1 Pck. Dr. Oetker Vanillin-Zucker

Pro Portion:

E: 5 g, F: 25 g, Kh: 34 g,
kJ: 1631, kcal: 389, BE: 3,0

1 TK-Beeren antauen lassen. Frische Beeren verlesen, abspülen, abtropfen lassen und entstielen. Sahne steif schlagen und kurz in den Kühlschrank stellen.

2 Den Rührkuchen in 8 gleich dicke Scheiben schneiden. Jeweils 1 Kuchenstück auf 4 Dessertteller verteilen. Die Eiscreme in 4 Scheiben schneiden und auf die Kuchenstücke legen. Zuerst Sahne, dann die Beeren darauf verteilen.

3 Eis-Doppeldecker mit Vanillin-Zucker bestreuen. Die restlichen Kuchenstücke schräg an die Eis-Doppeldecker setzen und sofort servieren.

TIPP: Ein wirklich schnelles Dessert, das Sie auch, wenn Überraschungs-Gäste vor der Tür stehen, noch aus dem Vorrat zaubern können. Denn Eis und einen Rührkuchen aus der Packung kann man stets im Gefrierschrank bzw. Schrank haben. Statt der frischen Beeren serviert man dann einfach angetaute TK-Früchte dazu oder man öffnet rasch ein Glas bzw. eine Dose mit Obst, z. B. Mandarinen oder Pfirsiche.

10 MINUTEN

40 MINUTEN

Süße Lasagne

Gut vorzubereiten (4 Portionen)

Zutaten
1 Pck. Saucenpulver Vanille-Geschmack (für 500 ml [½ l] Flüssigkeit, zum Kochen)
375 ml (⅜ l) Milch, 125 g Schlagsahne
3 EL Zucker, 2 Eier (Größe M)
1 Dose Tortenpfirsiche (Abtropfgewicht 500 g)
1 Glas Stachelbeeren (Abtropfgewicht 390 g)
6 Lasagneplatten, ohne Vorkochen
50 g gehobelte Mandeln

Für die Kirschsauce:
1 Pck. Saucenpulver Vanille-Geschmack (für 500 ml [½ l] Flüssigkeit, zum Kochen)
500 ml (½ l) Kirschsaft
1 Zimtstange
1 TL Dr. Oetker Finesse Geriebene Zitronenschale

Zum Bestäuben:
1 EL Puderzucker

Pro Portion:
E: 16 g, F: 25 g, Kh: 106 g, kJ: 3042, kcal: 726, BE: 9

Zubereitungszeit: 40 Minuten, ohne Backzeit
Backzeit: etwa 35 Minuten

1 Saucenpulver mit 4 Esslöffeln von der Milch anrühren. Restliche Milch mit Sahne und Zucker in einem Topf zum Kochen bringen. Angerührtes Saucenpulver in die von der Kochstelle genommene Sahnemilch rühren und unter Rühren nochmals kurz aufkochen lassen. Den Topf von der Kochstelle nehmen.

2 Den Backofen vorheizen.
Ober-/Unterhitze: etwa 200 °C
Heißluft: etwa 180 °C

3 Eier verschlagen, mit etwas von der heißen Sauce verrühren, dann mit der restlichen heißen Sauce verrühren (nicht mehr kochen lassen).

4 Pfirsiche und Stachelbeeren getrennt in je einem Sieb abtropfen lassen. Etwas Sauce auf den Boden einer rechteckigen Auflaufform (gefettet) streichen. 3 Lasagneplatten nebeneinander darauflegen. Pfirsiche darauf verteilen und mit etwas Sauce knapp bedecken.

5 Restliche Lasagneplatten darauflegen. Stachelbeeren daraufgeben. Restliche Sauce darauf verteilen und mit Mandeln bestreuen. Die Form auf dem Rost in den vorgeheizten Backofen schieben. Die Lasagne etwa 35 Minuten backen.

6 In der Zwischenzeit für die Kirschsauce Saucenpulver mit 4 Esslöffeln von dem Kirschsaft anrühren. Restlichen Kirschsaft mit Zimtstange und Zitronenschale in einem Topf zum Kochen bringen.

7 Zimtstange entfernen. Angerührtes Saucenpulver in den von der Kochstelle genommenen Kirschsaft rühren und unter Rühren nochmals kurz aufkochen lassen, von der Kochstelle nehmen. Die Sauce etwas abkühlen lassen.

8 Lasagne mit Puderzucker bestäuben und mit der Kirschsauce servieren.

TIPPS: Die süße Lasagne ist hier ein Hauptgericht für 4 Personen, reicht als Dessert aber für bis zu 8 Personen. Falls Sie die Lasagne als Mittagsmahlzeit planen, reichen Sie vorab eventuell eine leichte, herzhafte Suppe oder einen grünen Salat mit leichtem Dressing. Dann werden alle Geschmäcker befriedigt. Statt der Konservenfrüchte können Sie die Lasagne auch mit frischen Früchten zubereiten. Verwenden Sie dazu z. B. Pflaumen, Äpfel oder Stachelbeeren. Das Obst muss nicht vorgekocht, aber leicht mit Zucker gesüßt werden.

40 MINUTEN

20 MINUTEN

Leichtes Quark-Kokos-Tiramisu

Erfrischend – fruchtig (4–5 Portionen)

Zutaten

etwas abgeriebene Schale und 4 EL Saft von ½ Bio-Zitrone (unbehandelt, ungewachst)
150 g Schlagsahne
400 g Speisequark (Magerstufe)
1 Pck. Dr. Oetker Vanillin-Zucker
3–4 EL Puderzucker
2 Orangen
etwa 12 Kokoszwiebäcke
100 ml Orangensaft (evtl. frisch gepresst)

evtl. 2 EL Kokosraspel oder Kakaopulver

Pro Portion:
E: 15 g, F: 14 g, Kh: 42 g, kJ: 1531, kcal: 366, BE: 3,5

Zubereitungszeit: **20 Minuten, ohne Kühlzeit**

1 Zitrone heiß abwaschen, abtrocknen und etwas von der Schale fein abreiben. Zitrone halbieren. Von einer Zitronenhälfte den Saft auspressen und 4 Esslöffel abmessen.

2 Sahne steif schlagen. Quark in eine Rührschüssel geben. Zitronenschale und -saft hinzugeben, mit einem Schneebesen zu einer glatten Masse verrühren. Vanillin-Zucker und Puderzucker unterrühren, abschmecken. Sahne unterheben.

3 Orangen so schälen, dass die weiße Haut mitentfernt wird. Orangen filetieren und den Saft dabei auffangen. Orangensaft mit frisch gepresstem Orangensaft oder einem Fertigprodukt auf 100 ml auffüllen.

4 Eine Auflaufform mit 6 Zwiebäcken auslegen. Zwiebäcke mit der Hälfte des Orangensaftes beträufeln. Die Hälfte der Orangenfilets darauf verteilen und die Hälfte der Quarkcreme daraufstreichen.

5 Restliche Zwiebäcke darauflegen und mit dem restlichen Orangensaft beträufeln. Restliche Orangenfilets darauflegen und restliche Quarkcreme darauf verteilen.

6 Tiramisu mit Frischhaltefolie zugedeckt in den Kühlschrank stellen und mindestens 2 Stunden durchziehen lassen.

7 Quark-Kokos-Tiramisu nach Belieben mit gerösteten Kokosraspeln bestreuen oder mit Kakao bestäubt servieren.

TIPPS: Quark-Kokos-Tiramisu nach Belieben mit Orangenscheiben und Minzeblättchen garnieren. Wenn Sie keinen Kokos-Zwieback bekommen, verwenden Sie Löffelbiskuits oder einfache Zwiebäcke. Bei ungesüßten Zwiebäcken die Creme eventuell mit etwas mehr Zucker abschmecken.
Statt mit Orangen können Sie dieses fruchtige Tiramisu je nach Jahreszeit schnell variieren. Es schmeckt auch mit frischen Erdbeeren, Kirschen, Nektarinen oder Himbeeren köstlich.

Ratgeber

Gesunde Familienküche – der Mix macht's

Jeden Tag Gesundes auf den Tisch bringen, abwechslungsreich und vor allem so lecker kochen, dass man jedem in der Familie gerecht wird, ist schon ein kleines Kunststück. Nicht immer reicht die Zeit, um von Grund auf aus frischen Zutaten zu kochen. Und ist am Ende des Monats das Familien-Budget begrenzt, lässt sich auch nicht mehr aus dem Vollen wirtschaften. Doch keine Sorge, man muss kein Magier sein, um dennoch mit Spaß und ohne großen Aufwand tagtäglich etwas zuzubereiten, das allen schmeckt. Wer, wie in den Rezepten dieses Kochbuchs, einen gekonnten Mix aus frischen, saisonalen Zutaten, rasch zubereiteten Sättigungs-Beilagen (z.B. Pasta) oder praktischen Gemüse-, Fleisch- oder Fischzutaten (z.B. TK-Zutaten oder Konserven) kombiniert, liegt goldrichtig. Dann kann auch – wenn's mal wieder besonders stressig ist – ein beliebter Fast-Food-Snack aus dem Vorrat auf den Speiseplan stehen, ohne dass die Gesundheit zu kurz kommt.

Von vielem etwas und alles mit Genuss – das ist die gesunde und praktische Zauberformel!

Greifen Sie, wenn es die Situation erfordert, ohne schlechtes Gewissen zu vorgefertigten Produkten wie tiefgekühltem Gemüse, Kartoffelpüree oder frischer Pasta, die nur noch erhitzt werden müssen. Im Buch finden Sie eine Fülle von Rezepten, für die Sie nur rund 20 Minuten Vorbereitung brauchen, den Rest des Zubereitens übernimmt dann der Herd oder Backofen. Lässt Ihre Zeit es zu, können Sie die Familie und sich mit einem aufwendiger zubereiteten Braten, raffinierten Gemüsegerichten oder Auflauf verwöhnen. Und wenn nicht jeden Tag etwas rundum Gesundes auf dem Tisch steht – kein Problem! Denn wichtig ist die Mischung: Wenn heute wenig Gemüse oder Obst dabei ist, gibt's an einem anderen Tag einfach mal eine Extra-Portion.

Berücksichtigen Sie die folgenden Ernährungs-Vorschläge möglichst oft in Ihrem Speiseplan, dann können Sie sicher sein, Ihre Familie gesund und abwechslungsreich zu ernähren.

- Möglichst täglich auf dem gesunden Speiseplan stehen idealerweise vollwertige Produkte wie Brot, Nudeln, Reis (evtl. als Vollkorn). Oder als Alternativen Kartoffeln und Getreideprodukte (z.B. Grieß, Müsli, Bulgur usw.) – all das liefert wichtige Kohlenhydrate und Ballaststoffe.
- Dazu reichlich Obst und Gemüse, am besten natürlich aus der Saison und frisch, denn dann enthalten sie die meisten Vitamine und Mineralstoffe. Aber auch aus der Tiefkühltruhe oder Dose sind Gemüse und Obst in Ordnung. Täglich 2–3 Portionen Obst und Gemüse raten Ernährungswissenschaftler. Überlisten Sie kleine Gemüse- und Obstmuffel einfach mal mit hübsch arrangierten Gemüse-Knabber-Sticks, pürierten, würzigen Gemüse-Pasta-Saucen, Obst-Smoothies oder -Cocktails.
- Vor allem für Kinder wichtig: reichlich frische Milchprodukte, am besten jeden Tag! Joghurt, Käse, Quark & Co. sind leckere Eiweiß-Lieferanten und sorgen für starke Knochen und gesundes Wachstum.
  Tipp: Gibt es Probleme mit Übergewicht, hier gezielt zu fett- und zuckerreduzierten Produkten greifen.
- Fleisch, Wurst, Eier und Fisch bewusst genießen. Das heißt, schon beim Einkauf auf Qualität, statt auf Masse setzen. Denn diese Produkte liefern hochwertiges Eiweiß und Mineralien, z.B. für den Muskelaufbau. Ideal ist eine Mischung aus je 2–3 Portionen Fleisch und Wurst, 1–2 Portionen Fisch und 3–4 Eiern (pro Person) in der Woche. Übrigens, wenn Ihr Kind Fleisch und Wurst ablehnt, müssen Sie sich keine Sorgen machen. Eier und reichlich Milchprodukte in der Ernährung gleichen das Minus an Eiweiß spielend aus. Eisen aus Fleisch kann auch durch Vollkornprodukte (besonders Hafer und Hirse) oder Nüsse ersetzt werden.
- Damit Ihre Familie mit wichtigen Fettsäuren optimal versorgt wird, wählen Sie am besten eine ausgewogene Mischung aus tierischen (Butter, Schmalz) und pflanzlichen Fetten (Öl, Margarine). Zum Braten eher Öle (z.B. Rapsöl) oder eine Mischung aus Öl und tierischen Fetten verwenden. Bei Margarine Produkte mit mehrfach ungesättigten Fettsäuren bevorzugen.

Für jede Situation bestens gerüstet – der Familien-Vorrat

Situationen, in denen man rasch etwas aus dem Vorrat zaubern muss, kennt jeder. Manchmal reicht die Zeit einfach nicht für den Einkauf, es gibt überraschend zusätzliche Mittagsgäste. Oder eine Horde hungriger Kinder am Abendbrottisch muss nach dem Schwimmbadbesuch die Energiereserven auffüllen.

Mit dieser Vorrats-Übersicht sind Sie bestens gerüstet und können ohne großen Aufwand garantiert üppig auftischen, sodass alle rundum satt und glücklich sind.

Das gehört in den Familien-Vorratsschrank:

Konserven/Gläser:
stückige oder passierte Tomaten
Brechbohnen
weiße Bohnenkerne
Kidney- oder Chili-Bohnen
Gemüsemais
Sauerkraut
Oliven

Tunfisch in Öl oder naturell
getrocknete Tomaten in Öl

Apfelmus
Obst/Früchte nach Geschmack (z.B. Kirschen, Aprikosen, Ananas)
Konfitüre

Tiefkühl-Vorräte:
TK-Gemüse (z.B. Erbsen, Spinat, Gemüse-Mischung, Suppengemüse, Kräuter nach Geschmack)
Fischstäbchen
Reibekuchen

evtl. Hackfleisch/Shrimps/Bratwurst/Fischfilet/Hähnchenfilet
Beeren/Früchte nach Geschmack

Trocken-Vorräte:
Pasta nach Geschmack (z.B. Spaghetti, Spirelli, Tortellini, Suppennudeln)
Müsli
Haferflocken
Reis (Risotto, Milchreis, Schnellkochreis)
Kartoffel-Püreepulver
Knödelpulver
getrocknete Pilze nach Geschmack
Weizenmehl
Semmelbrösel
Nüsse und Samen nach Geschmack (z.B. Sesam, Mandeln, Haselnüsse, Pinienkerne, Kokosraspel usw.)

Außerdem:
Instant-Gemüsebrühe
Senf
Tomatenmark
Essig, z.B. Weißwein-, Kräuteressig
Speiseöl, z.B. Oliven-, Raps-, Sonnenblumenöl

Frisches, das auch länger haltbar ist:
Zitronen
Toastbrot (auch zum Einfrieren geeignet)
Parmesan- oder geriebener Käse
Wiener Würstchen (lassen sich prima einfrieren)
fertig gebratene Frikadellen (z.B. aus Geflügel; lassen sich auch einfrieren)
abgepackter Kochschinken
magerer, geräucherter Speck
Salami
Kartoffeln
Möhren
Zwiebeln und Knoblauch
Eier
Butter
Äpfel/Birnen
Sahne (evtl. länger haltbare)
Frischkäse
evtl. Mozzarella und Schafkäse
Crème fraîche

Mit solch einem gut ausgestatteten Vorrat lassen sich folgende Rezepte des Buches im Handumdrehen zubereiten:

- Tomaten-Nudel-Eintopf mit Geflügelklößchen
- Tomatensuppe mit Käse-Croûtons
- Erbsencremesuppe für Eilige
- Gnocchi-Eintopf mit Wienerle
- Bandnudeln mit Schinken und Erbsen
- Bunter Bratreis mit Eiern und Shrimps
- Kartoffel-Gulasch
- Mildes Kartoffel-Ei-Curry mit Erbsen
- Kartoffel-Fisch-Nuggets
- Knusper-Fischstücke aus dem Ofen (evtl. mit getrockneten Kräutern)
- Überbackene griechische Pfannkuchenröllchen
- Pizza-Risotto (einfach ohne frische Tomaten zubereiten)

Ratgeber

Der Blitz-Rezept-Guide – für den raschen Überblick:

Diese Rezepte sollten Sie wählen, wenn:

es besonders schnell gehen soll

- Gnocchi-Eintopf mit Wienerle
- Erbscremesuppe für Eilige
- Tomaten-Nudel-Eintopf mit Geflügelklößchen
- Blitzschnelle Pastasaucen
- Spaghetti mit Pilzsauce
- Zucchininudeln mit Tomatensauce
- Schnelles Lachsragout zu Pasta
- Bandnudeln mit Schinken und Erbsen
- Linsen-Dal mit Putenwürstchen
- Mozzarella-Pfanne

es preiswert sein soll

- Tomaten-Nudel-Eintopf mit Geflügelklößchen
- Frische Tomatensuppe mit Käsecroûtons
- Erbscremesuppe für Eilige
- Chili sin Carne
- Gnocchi-Eintopf mit Wienerle
- Spaghetti mit Pilzsauce
- Zucchininudeln mit Tomatensauce
- Bandnudeln mit Schinken und Erbsen
- Spaghetti mit Tomaten-Basilikum-Sauce
- mildes Kartoffel-Ei-Curry
- Kohlrabi-Hack-Auflauf
- Mozzarella-Pfanne
- Überbackene griechische Pfannkuchenröllchen
- Pizza-Risotto mit Mozzarella und Tomatenstückchen
- Sommergemüse mit Knusperkernen
- Gemüse-Cheeseburger

Sie auf Vorrat kochen möchten

- Tomaten-Nudel-Eintopf mit Geflügelklößchen
- Frische Tomatensuppe mit Käsecroûtons
- Erbscremesuppe für Eilige
- Ratatouille-Eintopf
- Orientalische Möhrensuppe mit Kichererbsen
- Blitzschnelle Pastasaucen
- Zucchininudeln mit Tomatensauce
- Bandnudeln mit Schinken und Erbsen
- Spaghetti mit Tomaten-Basilikum-Sauce
- Bunte Quiche mit Kräuter-Eiersahne
- Tortelliniauflauf mit Salbei und Schinkenwürfeln
- Hackbraten mit Kürbiskernen
- Kasseler Italienische Art
- Lieblings-Gulasch, light
- Zucchini-Cannelloni in leichter Zitronensauce
- Kohlrabi-Hack-Auflauf
- Italienischer Gemüseauflauf
- Gemüse-Cheeseburger

Gäste oder Feste zu bewirten sind

- Erbscremesuppe für Eilige
- Orientalische Möhrensuppe mit Kichererbsen
- Chili sin Carne
- Blitzschnelle Pastasaucen
- Spaghetti mit Pilzsauce
- Spätzle-Gurken-Pfanne mit Kochschinken
- Schnelles Lachsragout zu Pasta
- Bandnudeln mit Schinken und Erbsen
- Überbackene Farfalle mit Tomaten-Pesto-Ragout
- Bunte Quiche mit Kräuter-Eiersahne
- Tortelliniauflauf mit Salbei und Schinkenwürfeln
- Ofenfilet à la italiana mit Tomate und Mozzarella
- Pesto-Filet
- Filettopf
- Hackbraten mit Kürbiskernen
- Kasseler Italienische Art
- Lieblings-Gulasch, light
- Zucchini-Cannelloni in leichter Zitronensauce
- Olivenhähnchen-Topf
- Pizza-Risotto mit Mozzarella und Tomatenstückchen

die Kinder mitkochen sollen

- Tomaten-Nudel-Eintopf mit Geflügelklößchen
- Erbsencremesuppe für Eilige
- Chili sin Carne
- Gnocchi-Eintopf mit Wienerle
- Spaghetti mit Pilzsauce
- Zucchininudeln mit Tomatensauce
- Bandnudeln mit Schinken und Erbsen
- Mozzarella-Pfanne
- Pizza-Risotto mit Mozzarella und Tomatenstückchen
- Sommergemüse mit Knusperkernen
- Gemüse-Cheeseburger

Ratgeber

Hinweise zu den Rezepten
Lesen Sie vor der Zubereitung – besser noch vor dem Einkauf – das Rezept einmal vollständig durch. So werden Arbeitsabläufe oder -zusammenhänge klarer. In jedem Rezept ist die Anzahl der Portionen angegeben.

Zutatenliste
Die Zutaten sind in der Reihenfolge ihrer Bearbeitung angegeben.

Schwierigkeitsgrad
Der Schwierigkeitsgrad der Rezeptzubereitung wird durch Löffel neben dem Rezept dargestellt. Je weniger Löffel, desto einfacher ist die Zubereitung.

Arbeitsschritte
Die Arbeitsschritte sind einzeln hervorgehoben, in der Reihenfolge, in der sie von uns ausprobiert wurden.

Backofeneinstellung
Die in den Rezepten angegebenen Gartemperaturen und -zeiten sind Werte, die je nach individueller Hitzeleistung Ihres Backofens über- oder unterschritten werden können. Die Temperaturangaben beziehen sich auf Elektrobacköfen. Beachten Sie bitte bei der Einstellung des Backofens die Gebrauchsanleitung des Herstellers. Die Temperatur-Einstellmöglichkeiten für Gasbacköfen variieren je nach Hersteller sehr stark, sodass wir keine allgemeingültigen Angaben machen können.

Zubereitungs- und Garzeiten
Die Zubereitungszeit ist ein Anhaltswert für die Zeit der Vorbereitung und die eigentliche Zubereitung (sie steht oberhalb von jedem Rezept im farbigen Kasten). Sie variiert je nach Geschick und Übung. Die Garzeiten sind, in der Regel, gesondert ausgewiesen.

Abkürzungen

EL	=	Esslöffel
TL	=	Teelöffel
Msp.	=	Messerspitze
Pck.	=	Packung/Päckchen
g	=	Gramm
kg	=	Kilogramm
ml	=	Milliliter
l	=	Liter
Min.	=	Minuten
Std.	=	Stunden
evtl.	=	eventuell
geh.	=	gehäuft
gestr.	=	gestrichen
TK	=	Tiefkühlprodukt
°C	=	Grad Celsius
Ø	=	Durchmesser

Kalorien-/Nährwertangaben

E	=	Eiweiß
F	=	Fett
Kh	=	Kohlenhydrate
kJ	=	Kilojoule
kcal	=	Kilokalorien
BE	=	Broteinheit

Kapitelregister

Penne-Würstchen-Auflauf
(4 Portionen, Titelrezept)

Zutaten
2 ½ l Wasser, 2 ½ gestr. TL Salz
250 g Penne (Röhrennudeln)
300 g Wiener Würstchen
300 g feine, ungebrühte Bratwurst
200 g Cocktailtomaten, 150 g TK-Erbsen
3 Eier (Größe M)
125 ml (⅛ l) Milch, 125 g Schlagsahne
Salz, Pfeffer, Muskatnuss
100 g frisch geriebener Gouda-Käse
2 EL Butter

Zubereitungszeit: 25 Minuten
Garzeit: 35–45 Minuten

1 Wasser in einem großen Topf mit geschlossenem Deckel zum Kochen bringen. Dann Salz und Nudeln hinzugeben. Die Nudeln im geöffneten Topf bei mittlerer Hitze nach Packungsanleitung kochen lassen, dabei zwischendurch 4–5-mal umrühren.

2 Anschließend Nudeln in ein Sieb geben, mit heißem Wasser abspülen und abtropfen lassen.

3 Den Backofen vorheizen.
Ober-/Unterhitze: etwa 180 °C
Heißluft: etwa 160 °C

4 Würstchen in Scheiben schneiden. Die Nudeln und Würstchenscheiben abwechselnd in eine flache Auflaufform (gefettet) schichten.

5 Aus der Bratwurstmasse mit angefeuchteten Händen kleine Klößchen formen, evtl. in einer beschichteten Pfanne kurz anbraten. Cocktailtomaten waschen, trocken tupfen, Stängelansätze herausschneiden und die Tomaten evtl. halbieren. Die gefrorenen Erbsen und Bratwurstklößchen auf den Nudeln und Würstchenscheiben in der Form verteilen.

6 Eier mit Milch und Sahne verschlagen, mit etwas Salz (Vorsicht: Würstchen, Brätmasse und Käse enthalten bereits Salz!), Pfeffer und Muskat würzen. Die Eier-Sahne-Milch auf dem Auflauf verteilen. Die Cocktailtomaten dazwischensetzen.

7 Den Auflauf mit Käse bestreuen und Butter in Flöckchen daraufsetzen.

8 Die Form auf dem Rost in den vorgeheizten Backofen schieben und 35–45 Minuten garen.

Suppen

Pasta

Wurst und Ei

Fisch

Geflügel und Fleisch

Aus dem Ofen

Vegetarisch

Salate

Snacks

Desserts

Alphabetisches Register

Für Fragen, Vorschläge oder Anregungen steht Ihnen der Verbraucherservice der Dr. Oetker Versuchsküche
Telefon: 0 08 00 71 72 73 74 Mo.–Fr. 8:00 – 18:00 Uhr, Sa. 9:00 – 15:00 Uhr (gebührenfrei in Deutschland)
oder die Mitarbeiter des Dr. Oetker Verlages
Telefon: +49 (0) 521 5206 50 Mo.–Fr. 9:00–15:00 Uhr zur Verfügung
Schreiben Sie uns: Dr. Oetker Verlag KG, Am Bach 11, 33602 Bielefeld
oder besuchen Sie uns im Internet unter www.oetker.de oder oetker-verlag.de.

Umwelthinweis Dieses Buch und der Einband wurden auf chlorfrei gebleichtem Papier gedruckt. Die Einschrumpffolie – zum Schutz vor Verschmutzung – ist aus umweltfreundlichem und recyclingfähigem PE-Material.

Redaktion Carola Reich, Annette Riesenberg

Titelfoto Thomas Diercks, Hamburg

Innenfotos Fotostudio Diercks, Kai Boxhammer, Hamburg (S. 4, 7, 11, 15, 19, 21, 23, 25, 27, 29, 31, 33, 34, 35, 37, 41, 42, 43, 44, 45, 49, 51, 54, 55, 57, 58, 59, 60, 61, 63, 64, 65, 70, 71, 73, 75, 76, 77, 82, 83, 86, 91, 92, 93, 94, 95, 98, 99, 101, 103, 105, 107, 109, 111, 113, 116, 117, 118, 119, 121, 123, 125, 127, 129, 130, 131, 132, 133, 135, 136, 137, 139, 143, 147, 149, 152, 153)
Ulli Hartmann, Halle/Westf. (S. 39, 53, 67, 141, 145, 151)
Ulrich Kopp, Sindelfingen (S. 85)
Antje Plewinski, Berlin (S. 17, 87, 89, 154, 155, 157)
Hans-Joachim Schmidt, Hamburg (S. 9, 13, 69, 79, 81, 115)
Bernd Wohlgemuth, Hamburg (S. 47, 97)

Rezeptentwicklung und -beratung Susanne Raht, Hamburg

Nährwertberechnungen Nutri Service, Hennef

Grafisches Konzept BCW Gesellschaft für Kommunikation mbH, Hamburg

Titelgestaltung kontur:design, Bielefeld

Reproduktionen Repro Ludwig, Zell am See, Österreich

Satz JUNFERMANN Druck & Service, Paderborn

Druck und Bindung Firmengruppe APPL, aprinta druck, Wemding

ISBN 978–3–7670–0662–1